傅青主

女科翘楚

李长玲　编写

吉林出版集团股份有限公司
全国百佳图书出版单位

图书在版编目（CIP）数据

女科翘楚　傅青主 / 李长玲编. -- 长春 : 吉林出版集团股份有限公司，2020.2（2023.5重印）

ISBN 978-7-5581-7913-6

Ⅰ. ①女… Ⅱ. ①李… Ⅲ. ①傅青主（1607-1684）-传记 Ⅳ. ①K826.2

中国版本图书馆CIP数据核字(2019)第272653号

女科翘楚　傅青主

NÜKE QIAOCHU　FU QINGZHU

编　　写　李长玲

策　　划　曹　恒

责任编辑　黄　群　林　琳

封面设计　MM末末美书

开　本	710mm×1000mm　1/16	出版/发行	吉林出版集团股份有限公司
字　数	75千	地　址	吉林省长春市福祉大路5788号
印　张	8	邮　编	130000
版　次	2020年2月第1版	电　话	0431-81629968
印　次	2023年5月第2次印刷	邮　箱	11915286@qq.com

印　刷　三河市金兆印刷装订有限公司　ISBN 978-7-5581-7913-6　定　价　39.80元

前言

中医文化是中国优秀传统文化的重要组成部分，具有创新文化的潜质。中医学是中国传统科学中沿用至今的富有中国文化特色的医学，它具有完备的理论体系，独特的诊疗方法和显著的临床疗效等特征。在中华民族五千年的历史长河中，中医学始终担负着促进人身健康的重要角色，是中华民族长期同疾病作斗争的智慧结晶，它为中华民族的繁衍昌盛提供了重要保障。

《女科翘楚　傅青主》这本书主要收录了傅青主的成长经历和奇闻逸事等。读者通过这些故事，可以了解中医名家救死扶伤、拯救天下苍生的医德精神和中医文化的博大精深。

本书内容通俗生动，易于读者阅读。书中配以与中医文化知识相关的图片，并选取了具有代表性的晋祠博物馆和中华傅山园的特色风光作为跨页大图，使本书的内容更加生动传神，更具亲和力和吸引力。本书不仅是为了让读者了解中医文化，更是为了讲好“中国故事”“中医故事”。

希望通过本书，读者对优秀中医文化会有更加深刻的了解和认识，能够更加热爱中医文化。通过我们对医学名家的传颂，优秀的中医文化必将再放异彩。

MU 目 LU 录

傅山（1607—1684 年），明清之际医学家、思想家。初名鼎臣，字青竹，后改字青主，山西阳曲（今山西太原）人，著有《傅青主女科》《傅青主男科》等书。

第一章

旷世奇才 无所不通

傅青主的生平可谓充满坎坷与传奇。首先，他是一位名医，一生当中救人无数，可谓妙手回春，药到病除。其次，他还是一位爱国之士，出生于明末清初的他，虽然没有真正地走上战场，但是众多反清复明的起义都离不开他在背后的出谋划策。此外，他在诗词、书法、文学、绘画方面也是样样精通。可以说，在中医界当中，像傅青主这样的人物并不多见。

傅青主原名傅山，是明末清初的医学家、思想家、书法家，起初名曰傅鼎臣，字青竹，后更字为青主，山西阳曲（今山西太原）人。傅青主出生在书香门第，因为家中学习氛围一直都是非常浓厚，所以他从小就十分勤奋好学，在他十五岁那年就一举中了秀才。他年轻时曾在三立书院学习，师从袁继咸老先生。袁继咸是江西的进士，他为人刚正不阿，从不随波逐流。在他刚考中进士的时候，大太监魏忠贤为了巩固自己的黑暗势力，企图将袁继咸拉拢到自己的战线上来，但无论他用什么卑鄙的手段，袁继咸都始终坚守自己的底线，不为任何所谓的名利所动。最后实在是无法忍受魏忠贤的频繁“邀请”，袁继咸不得已谎称自己得了重病，无法参与任何政治活动，才得以回家修养身心。

傅青主在脾气秉性上跟老师可谓是一模一样，他也是誓死捍卫自己尊严的人。傅青主的一生参加过很多次反清复明的活动，在一次活动中，他不幸被捕入狱，在狱中无论是面对威逼利诱，还是严刑拷打，他都始终不为任何外因所动，甚至一度绝食数天。这种宁死不屈的精神，着实令后人钦佩。因为傅青主天资聪慧且勤奋好学，深受袁继咸老先生的喜爱，是袁老先生器重的学生之一。后来袁老先生因被小人陷害而锒铛入狱，傅青主见老师被人污蔑，没有袖手旁观，而是积极投身到营救老师出狱的一个个活动当中。对于每一个营救计划，他都亲力亲为，他带领一百多位山西同门师兄弟步行赶往京城，联名上书。功夫不负有心人，终于在他和其他学生长达八个月之久的不懈努力之下，袁老先生成功昭雪。在为老师申冤的整个过程中，傅青主功不可没，他也因此名震四方，朝野上下无人不知袁继咸老先生有位名叫傅青主的学生。也正是在这次申冤平反的过程中，使得傅青主更加厌恶官场的腐朽恶臭，更加鄙视当权者的昏庸萎靡，这也为他日后归隐田园、远离官场、潜心钻研自己的学问埋下

蓝天

了伏笔。

傅青主的一生既不随波逐流，也不趋炎附势，他时刻坚守自己的立场。对于当时盛行的一些所谓正确的理论、学说，以及被大家“追捧”的名士权贵，他都不会人云亦云，而是时刻保持自己独特的看法。

《清史稿·傅山传》中记载，傅青主“六岁，啖黄精，不谷食，强之，乃饭。读书过目成诵。明季天下将乱，诸号为搢绅先生者，多迂腐不足道，愤之，乃坚苦持气节，不少媕冘。”意思是说在傅青主六岁的时候，食用一种名为黄精的药草，不爱吃饭，之后（父母）强迫他，才正常进食。他还十分聪明，具有过目不忘的本领。在当朝大乱的时候，执政的掌权者、权贵们尔虞我诈、唯利是图，对于这种现象，傅青主嗤之以鼻，坚决不与他们同流合污，提醒自己时刻保持高风亮节。清朝伊始，康熙为巩固自身地位、捍卫其皇权，通过当朝三品以上官

归隐田园，远离喧嚣

员举荐的方法来招纳贤士，众人极力推荐傅青主入朝为官。于是，康熙皇帝多次向他发出邀请，但傅青主丝毫不为高官厚禄所动。相传有一次，康熙派来一名身材魁梧的钦差大臣前来邀请，那大臣竟然直接强行将傅青主抱进了轿子当中，然后径直向京城走去。途中钦差大臣及其随行人员路过一家客栈，便进去稍事休息，傅青主见机会来了，趁他们不留神之时，逃出轿子，直向家中奔去。康熙皇帝见此情形，深知傅青主对明朝感情至深，不是用简简单单的高官厚禄就能代替的，因此再也没有邀请其进京为官。由此可见傅青主刚正不阿、威武不屈的秉性。

傅青主一生对老庄思想热爱至极，虽然他喜欢经常对自己不赞同的事物毫无顾忌地发表言论，但对于《庄子》，他却视若珍宝，对老庄的褒赞之情，在其生平著作当中随处可见。此外，他还热衷于对庄

《傅青主女科》

子的相关学术著作进行批注性学习，大到一些成文的名篇，例如《逍遥游》等，小到一些不知名的诗文，总之，只要是与庄子相关的，他都不会错过，也不愿错过。这种对所爱之事追求的态度，值得我们每一位后人学习与称赞。

在中医学术方面，傅青主更是造诣很深，可以称其为“大师”级别的人物，著有综合性医学类著作《大小诸症方论》等。此外，还著有专科性医著《傅青主女科》《傅青主男科》等，也是因为这两部传世佳作，使其在当时被冠以“医圣”之名。

关于傅青主从医的原因有很多个版本，其中有这样一个说法：傅青主与妻子从结婚之日起就相敬如宾，夫妻俩一直很恩爱，在三妻四妾盛行的封建社会，他们两人的婚姻深受广大女同胞们的羡慕。但在傅青主二十六岁那年，他与妻子欢欢喜喜地去山上游玩，不料在游玩

《大小诸症方论》

的过程中，妻子不慎跌倒。开始以为只是简单地磕破了点皮肤，仅仅是皮外伤而已，所以傅青主和妻子都没有在意。没想到，自此之后，妻子每天都有下身血崩的症状出现，虽然傅青主多处求医问药，但妻子最终还是撒手人寰。妻子的离去，对傅青主来讲，是一个非常巨大的打击，眼看着妻子病得越来越重，而自己不懂医术，只能眼睁睁地看着爱人离自己而去。妻子去世后，傅青主痛下决心，立志学医，救死扶伤。在《傅青主女科》上卷当中，对血崩的介绍共分为七讲，其中有一讲专门为“闪跌血崩”，据说这是傅青主为了纪念妻子而专门开设的篇章。

在傅青主从医的过程中，发生过很多流传至今的传说。相传，有位患者患了头痛病，遍访名医无数，病情也没有任何好转。一日，听闻有位名医叫傅青主，只要经过他的诊治，无论什么病症，都可药到病除。于是那位患者抱着试试看的态度前来拜访。傅青主初见此人，既没有问诊，也没有号脉，而是对他说：“你这不是什么疑难杂症，大可不必担心，只需按我吩咐的去做便可痊愈。村头那边有头牛是用来运水的，等到牛排便之时，你赶紧收集起那热乎乎的牛粪，用纱布把牛粪缠于头上，然后迅速行路十余里，若感觉头上奇痒无比，大可

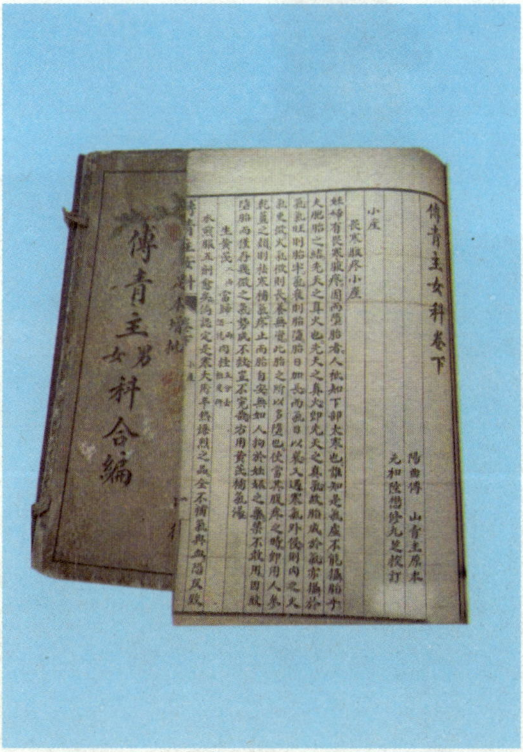

《傅青主女科》封面

不必理会，万万不可摘下纱布，继续行路。等到奇痒消失之后，取下纱布及牛粪，头痛病便可痊愈。”那患者听闻此言，将信将疑地照做了，走了将近九里路的时候，果然头上奇痒无比。他真想把纱布连同牛粪一起拆下，但一想到傅青主先生的嘱咐，还是忍着没有拆下，继续前行。终于在走了十里路之后，头不痒了，昔日的疼痛也消失了。他欣喜地摘下纱布，发现牛粪上竟然有无数条小虫在懒洋洋地蠕动着，他恍然大悟，原来竟是这些小东西让自己饱受煎熬。因为此事，他对傅青主高超的医术赞叹不已，逢人便称赞傅青主医术高超。

傅青主生平医术高超，在晚年更是名扬万里。一些达官显贵为了一睹傅青主的医术，时常不远千里慕名来访，对此傅青主不屑一顾，说道：“我身为一名医者，治病救人是我此生头等要事，患者前来，我

境

郊外

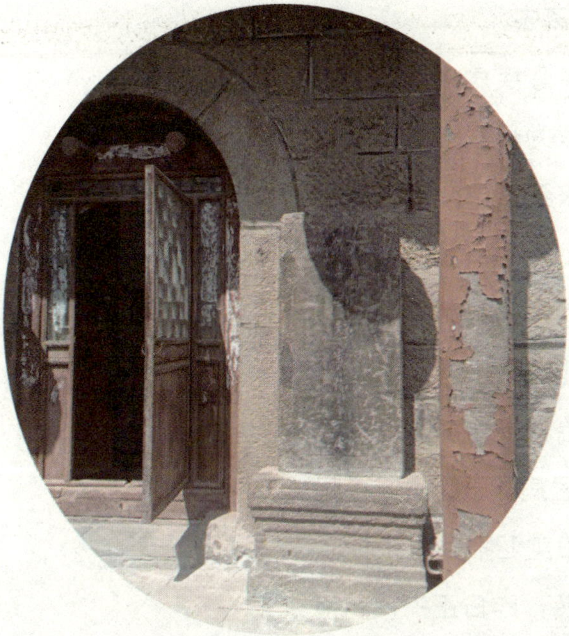

多福寺——傅青主读书的地方

定会悉心照料。诊病治病，还患者健康之肌体，是我的使命与责任之所在。而对于那些别有用心的人，我劝你们还是不要费力，就算你们一路奔波来我这里，我也不会与你们相见。”即便如此，还是会有好多没有病的人前来拜访。一日，傅青主拄着拐杖在郊外散步，有一位巡抚大人带着众多衙役在后面优哉游哉地走着，衙役一看前面是傅青主，于是满心欢喜地对巡抚说：“报告大人，前面的老者正是您多次登门拜访，而久久不得相见的傅青主。今日真是天助您也，我们莫不如上前迎住他？”巡抚答道：“面见傅青主老先生的机会实属难得，你速速骑马上前迎住，我随后就到。”言罢，只见那衙役快马加鞭地向前赶去，抬巡抚轿子的其他衙役也加快了脚步。按照常理来讲，明明半里地的路程，以巡抚和衙役的速度来看，是完全可以赶得上的，令人奇怪的是，傅青主没有丝毫加快脚步的意思，但任凭巡抚和衙役如何加速前往，仍旧追赶不上傅青主。巡抚见此情形，无奈地摇摇头，叹道：“是傅青主不愿见我，那就不必强求了。”遂转身离去。

几日后，巡抚母亲突患疾病，巡抚大人前去傅府请求傅青主来家为母医治。傅青主二话没说，便随同巡抚来到家中。经过一番问诊及脉诊，傅青主沉默良久，最后说：“如此大的年纪，竟患此类疾病，羞哉羞哉！”随后转身离去。巡抚见此情形，再三追问母亲身患何疾，傅青主开始默不作声，后来低声说道：“令堂得的是相思病，于昨日正午起病。”巡抚回家跟母亲如实汇报，母亲惊叹道：“傅先生果然名不虚传，昨日正午，我整理衣柜，见到你那去世多年父亲的鞋靴，对他的思念之情油然而生。”巡抚听完此言，连忙又去傅青主那里为母亲寻求良药，傅青主为其出了一服良方。仅仅是这一服药，巡抚母亲的病便痊愈了。

傅青主在诗文书画方面也是非常有成就的，好多人学习都只是学习皮毛，他却可以真正地做到学以致用，这也是我们后人应该学习的地方。尤其在书法方面，他曾提出了“四宁四毋”理论。这一理论，也是他追求真善美，不以丑为美的艺术操守的真实写照。同时该理论，不仅对当时的艺术发展起到了重要影响，而且在今天的书法领域仍然具有举足轻重的地位。

相传当时傅青主的邻居是卖豆腐的，家中子女众多，且豆腐坊的生意越来越不景气。傅青主见此情形，心生怜悯之意。于是画了幅画，无偿地赠送给他的邻居。要知道当时傅青主轻易不作画，只有在心情极其愉悦的时候才会挥墨作画，因此他的画少之又少。据说当时能拥有一幅傅青主的字画，是身份与财富的象征，所以那些权贵甚至不惜花费重金登门求画。但即便有重金相诱，傅青主也丝毫不为其所动。他的邻居深知此画的价值所在，如获珍宝地拿回家来慢慢打开，发现画的竟然是一棵普普通通的大白菜，心中未免有些失落，自言自语道：

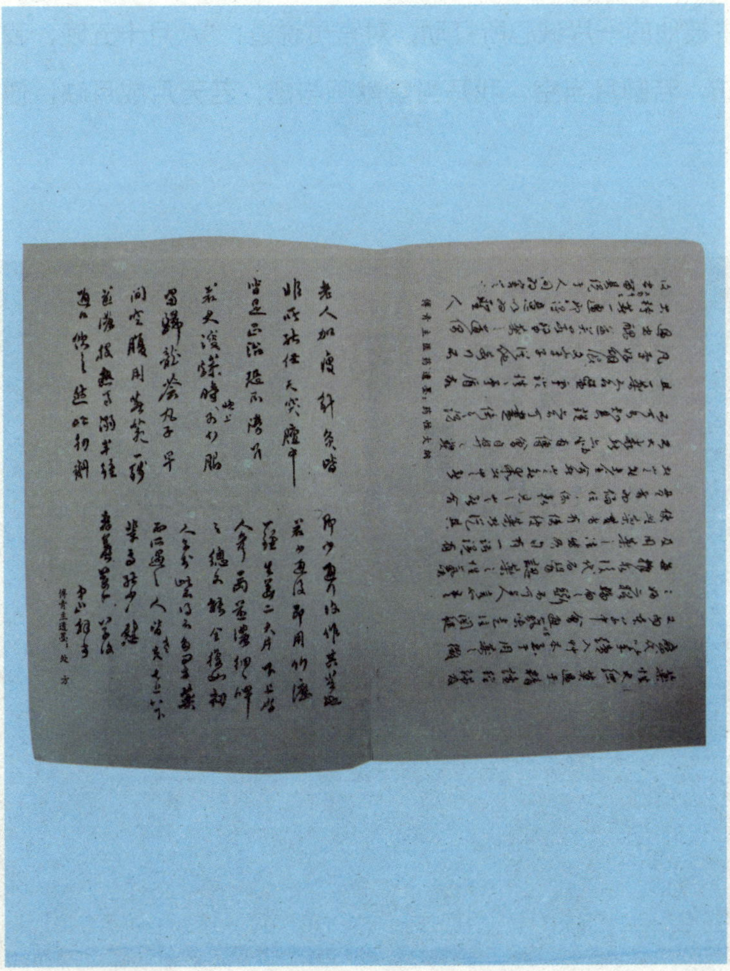

傅青主遗墨

“不就是一棵大白菜吗，能有什么用，但傅先生毕竟出于好意，我就把它挂在家中吧。”几日后，该县大雨连连，那邻居惊奇地发现挂在墙上的画竟然由原来干枯的黄色变成了翠嫩的绿色，不由得欣喜若狂，逢人就讲述这一奇怪的现象。于是好多人慕名前来欣赏奇画，豆腐坊的生意也就渐渐红火起来了。

傅青主作画当中的奇闻逸事数不胜数。据说当地的一位达官贵人前去傅青主家里求画，傅青主一听来者是名官员，心想：“我身为一名刚正不阿的画家，怎能因你是高官显贵就屈服于你。”于是，屡次拒绝官员求画的请求。虽然屡屡受挫，但这名官员依旧十分真诚地前来求画，傅青主被他的一片诚心所打动，对官员说道：“八月十五晚，我前去贵府拜访，若圆月当空，我乃当堂献画与您；若无月或月缺，便

是我们无缘，日后也请您不必再来求画。”官员一听，心中大喜，心想：中秋佳节，正是赏月之时，怎会有无月之事。于是便满心欢喜地应了这份来之不易的邀约。

转眼便到了中秋佳节，主人家在后花园备上好酒好菜，同时也准备好了笔墨纸砚，万事俱备，就等傅青主前来赐画。说来也怪，那天晚上，天空中乌云密布，有种兵临城下的压抑感。傅青主与主人一边饮酒一边等着赏月，但月亮迟迟没有出来。夜色渐晚，主人很懊恼，也渐渐失去了耐心，傅青主便对他说：“感谢您今日盛情款待，天色已深，您回房歇息吧。”主人吩咐下属留下继续陪傅青主等待月出。过了一个时辰左右，傅青主仍未见圆月，心想既然已经来到府上，莫不如边画边等，于是提笔勾勒，傅青主作画的姿态十分洒脱随性，用手舞足

夜色

傅青主画

蹈来形容也不足为过，主人家的仆人以为这是傅青主的醉态，急忙上前扶住。傅青主愤怒地说道：“你扫了我的画兴，现在我没有任何作画的欲望了！”随后拂袖而去。主人闻听傅青主不欢而去，急忙赶到后花园，只见桌子上放着一张类似草稿的宣纸，上面画着黑乎乎的一片。主人喃喃自语道：“虽然今晚没能喜得傅先生的佳作，但既然出自其手，我定要收藏起来，以示尊重。”不料待主人回到书房之时，竟然发生了奇异的景象，在那黑乎乎的画作上面，竟泛起了点点白光。主人顿时茅塞顿开，原来这黑乎乎的一片，正是今晚这浓密的漫天乌云，而这点点白光，正是藏在这浓密乌云背后若隐若现的皎洁月光。

傅青主还是一位具有侠士风范的传奇人物，《七剑下天山》中那个屡屡救人的傅青主大侠原型正是傅老先生。相传他的“莫问剑”是由天山的长剑锻造而成，寓意着灵性与智慧。这样一位具有侠士色彩的人物，具有浓浓的爱国之情。明朝灭亡之后，始终具有家国情怀的他，积极投身于反清复明的各项斗争当中。在此期间，他不计较个人得失，甚至一度因为反清斗争而入狱。即便如此，一向高风亮节的他，也坚决不屈服，在狱中很多天滴水未进，最后在亲戚朋友的竭力帮助下艰难出狱。于是傅青主反清复明的想法越发强烈，在此后的几十年里，他下定决心，脱下儒服，穿上道袍，云游四方，寻找志同道合的有识之士，筹划并参与了种种反清活动，并将自己久居的石室作为联络反清活动的秘密据点。这种将生死置之度外的爱国之情，令人肃然起敬。

知识加油站

“四宁四毋”理论

分开来讲是指“宁拙毋巧，宁丑毋媚，宁支离毋轻滑，宁真率毋安排”。概括来说其实就是指在写书法的时候要追求本心，不一定非要人云亦云，而是时刻都要有自己的主见。

傅青主像

深
山

第二章

悬壶济世　泛爱众生

傅青主在医学方面著有很多名作，其中代表之作当属《傅青主女科》。这部著作收录了很多有关妇科疾病的治疗方法。该著作上记载的治疗手段，仍然广泛地应用于当今的临床诊疗，并收到了较好的效果。他医德高尚，深得百姓爱戴。

傅青主作为一代名医，在其从医生涯当中，救人无数，发生过很多流传至今的医案传奇。从这些故事当中，我们不难看出傅青主不仅医术高超，而且还具有一颗仁爱之心，无论是达官显贵，还是平民百姓，他都一律平等对待。对于傅青主来说，所来之人皆为患者，他定当尽医者之义务，还患者一个健康的体魄。在徐昆著的《柳崖外编》中，对傅青主行医事迹有过很多记录，接下来给大家列举几例。

有这么一对夫妇，丈夫整日游手好闲，嗜赌成性，终日在邻里间赌博打牌。妻子再三劝诫，希望其洗心革面，但丈夫始终没有悔改之心。终于在一天清晨，原本勤劳的妻子没有起床烧米煮饭，而是有气无力地瘫倒在床上。丈夫连忙上前询问，只见妻子的肚子变得鼓鼓的，半日不语。丈夫见此情形，急忙求见当地郎中，郎中却说："吾从医数年，未见此病，若想痊愈，唯有拜访一人，此人便是傅青主。"于是丈夫急忙赶到傅青主的住所，恰逢傅青主在院子里乘凉。经过前前后后的一番询问，傅青主顺手从地上摘了一大把嫩绿的青草，对求医的丈夫说："你回家之后，当着妇人的面，将这草叶用慢火反复煎煮，一日十次，此外，对于夫人说的话，你要言听计从，不得有半点怠慢和反对。"丈夫将信将疑地点点头。回到家之后，按照傅青主的嘱托，每天和颜悦色地与妻子说话，按时为妻子煎煮"草药"，果然没过几天，妻子竟然痊愈了。

丈夫对此十分不解，他想不明白为什么随手在地上摘的杂草，竟

青草

药材

然能将妻子的病治愈，莫非这傅医生是上天派来拯救百姓的神仙？带着心中的这份不解，他再次登门拜访傅青主。傅青主对他说：“世间哪有什么活神仙，也没有所谓的神丹妙药，你妻子的病之所以痊愈，并非我给你摘的那野草起了作用，而是你自己立了头功。其实她得的是情志之病，从前你每日无所事事，害得她心生愤怒。现在你每天为她端茶倒水，无微不至，时时守候在她身边，她自然心情愉悦，所以她的疾病就不治而愈了。”丈夫听后豁然开朗，同时也很懊恼自己此前的行为，从此下定决心，洗心革面，再也不进赌局半步。

其实在上面的医案当中，并非傅青主是神仙，也并非傅青主顺手摘的那一把青草具有特别神奇的功效，只不过是傅青主巧妙地运用了情志疗法使患者恢复了健康。傅青主知道患者的病起源于她的丈夫整日赌博、不务正业，因此扰动了肝火，疾病从气上得来，因此只要让

树

妻子心情好了，疾病自然就痊愈了。所以傅青主想到此“良方”，丈夫每日寸步不离地为妻子煎煮“良药”，然后笑脸相迎地将熬好的“药”端至妻子面前，如此一番悉心照料，妻子一定是倍感欣慰，在这种情况下，想不开心都难。这样一来，之前心中对丈夫的各种不愉快，早就飘到九霄云外了。所以这则医案的关键是情志，心情舒畅之后，淤堵的肝气自然就顺畅了，所以疾病也就不治而愈了。

还有一次，有个年轻人听说傅青主医术高超，恰巧自己在高处建筑房屋，闻听傅青主经过此地，于是对同伴说：“都说他傅医生医术了不得，今天我倒是要看看他有多厉害，一会儿我假装从高处跳下，你们请他过来为我医治。”说时迟，那时快，话音未落那年轻人便从屋顶跳了下来。旁边围观的人赶紧将傅青主请了过来，傅青主左瞧瞧右看看，十分沉重地说：“此人肠子已经断了，没有继续治疗的意义，不久之后就要一命呜呼、命丧黄泉了。”众人哈哈大笑，其中一人说道：“你的医术也不过如此，他是假装跳下来的。”傅青主无奈地摇摇头，遂转身离去。只见那青年面色惨白地说道：“快把我扶至家中，我肚子有些不舒服。”傅青主走后，众人将他慢慢扶起，本想将他搀扶至家中，结果还没等到家，却发现那人早已没了呼吸。

傅山碑林

这则故事看似荒谬，但却流传至今，从整个过程当中我们很难判断出来傅青主是用何种方法鉴别出来青年肠子断了，但那青年确实就是因为腹部剧痛而最终离开人世的。我想从中我们可以得出两个结论，一是傅青主的医术确实很精湛，二是无论在何时何地，我们不论是出于何种原因，都不应该拿自己的生命去开玩笑。

傅青主作为一代名医，行医经历数不胜数，他悬壶济世的故事更是美名远扬。在明末清初，兵荒马乱，民不聊生，国家处于危亡之际，百姓更是深陷于水深火热之中。就在这时，瘟疫盛行起来，并且以惊人的速度在全国范围内大面积传播。山西太原的一个小村庄也未能幸免于这场灾难，全村上下亡的亡，病的病，没有一丝生机可言。病者从形态外观上来看具有很多相似之处，他们多半是面黄肌瘦、骨瘦如柴、腹部高高隆起，弥留之际腹部犹如有无数个硬如磐石的东西阻塞其中。

瘟疫盛行后毫无生机

尽管这个村庄缺医少药、哀声遍地，整个村庄都被疾病和死亡的恐惧笼罩着，但还是很少有医生愿意主动来到村里帮助救治村民。傅青主听闻此事之后，对当地百姓甚是同情，顿时生起一股慈悲之心。同时对于那些眼看着百姓身患疾病却视而不见的医生，他更是心生愤懑。

作为一位有良知的医者，他不允许自己同别人一样袖手旁观，他要用他的一技之长还百姓健康的体魄。于是，在一个隆冬大雪的清晨，傅青主身披长袍、手持葫芦、腰佩长剑，来到了农户王丙的家里。王丙推开门的那一刹那，猛然间意识到这不就是百姓口口相传的神医傅青主吗？自己不由得在心里暗喜："现在正值瘟疫时期，十里八村都不见一位郎中，傅神医今日能来到我家，这是何等的喜事，我儿的病岂

隆冬大雪

不是有救了？”但转念一想：“听说傅先生的药方都出自宫廷，那药一定甚是名贵。而自己家境贫寒，再加上赶上这兵荒马乱的年头，地里的庄稼收成也不乐观，现在一家人连温饱问题都难以解决，又拿什么来换取这稀世奇药呢？”于是不禁泪如雨下。傅青主见状，并没有理会，而是大步向他家病床上奄奄一息的儿子走去。经过一番望闻问切，傅青主对王丙说道：“很庆幸，令郎得的并非瘟疫。”说罢从口袋里拿出一些颗粒状的药物，以及一些已经搓好的小药丸，顺势往孩子嘴里灌下。不多时之后，只见原本卧床不起的孩子突然坐起，迅速跑到茅房，回来对母亲说自己饿了。这一幕令王丙甚是吃惊，竟站在一旁不知如何是好。傅青主见此情形，说道：“他的病症是由不通便引起，现已通便，

閑樂事偏多

定會心自遠
聚财貔貅
風

病便去了多半，十日内按天服用我留与你的药丸，便可痊愈。”随后就将药丸交给了王丙，还没等王丙转过神来，傅青主早已消失得无影无踪了。

十日后傅青主又返回村子，此时王丙的儿子已经完全康复。傅青主又将随身携带的葫芦里的小药丸分别分发给与王丙儿子具有相同症状的乡亲们。没出一个月，这个村子的人竟然个个身体强壮，甚至比往日更加有精气神。百姓们深知，今日的健康，都是拜傅青主大人所赐，于是对傅青主的感激与尊重之情油然而生，家家户户要么将他的画像挂于墙上，要么将他的塑像供奉于厅堂之上。

傅青主一生的传世医书有很多部，其中对后世产生深远影响的当属《傅青主男科》和《傅青主女科》。《傅青主女科》是傅青主的一部妇科专门著作。该著作在妇科临床领域具有独到的见解，所处方药在临床上也收到了很好的疗效，时至今日，《傅青主女科》在妇科诊治方面仍具有重要的地位。《傅青主女科》主要分为上卷和下卷两部分，其中上卷包括带下、血崩、鬼胎、调经、种子五部分；下卷包括妊娠、小产、难产、正产、产后五部分；还包括产后编两卷和补集一卷。该著作语言精练、言简意赅，所列处方也十分简明，药味少且疗效

《傅青主先生男科书》

当归

显著。

在“正产”当中有一类病，傅青主的治疗手段十分令人拍手称绝。“正产血晕不语”是指产妇在刚生下孩子之后就变得昏迷不醒、神志不清、意识模糊且不能张口说话。因为母亲在生产的过程中是十分伤身体之元气的，所以在顺利产子之后，母亲就会变得气血两虚。又因为“舌为心之苗”，当气血亏虚到一定程度之后，心脏这一重要器官必将会受到影响，继而口舌也会受到牵连，所以产妇会表现出来不能开口说话。当时遇到这种情况，可以说产妇基本上就已经濒临死亡了。但傅青主却不把这看作是不治之症，他认为这样的患者依然还可以救治。对于该病的治疗他主要分两步，首先令其醒神，然后再给其服用大补气血的汤药。对于醒神的治疗，傅青主主要是采取针刺的治疗手段。对于针刺治疗穴位的选定，他并没有选择特别常见的醒神穴，如人中穴、太阳穴等，而是选择了眉心穴。定位好穴位之后，将银针径直地刺进去，直到鲜血从穴位涌动出来、患者张口说话为止。在这个时候，第一步醒神的任务便已经顺利完成了。紧接着就是第二步之滋补气血。在滋补类药物的选择上，因为人参是大补气血的一味良药，所以在滋补药物的确定上，人参当然必不可少，此外黄芪、当归作为辅助类的补气补血药物也是不二选择。由此，这三味药材便构成了滋补类汤药，产妇服下之后，不久便可恢复意识，与旁人进行正常交流。

据史料记载，一次傅青主用此法为产妇治病，就在产妇恢复意识之时，站在一旁一直沉默不语的年轻人突然讲道：“先生的医术固然高超，但是这滋补的汤药中缺少一味药材，如果加上，一定会收到更好的疗效。”傅青主转过头来，毕恭毕敬地问道：“请讲，我洗耳恭听。”那青年人不假思索地答道：“缺的这味药，不是别的，正是附子呀。”

人参

黄芪

傅青主听后顿时大怒："休得在这里一派胡言，附子乃是引经之药，现在患者正处于亏气亏血的状态，我们要做的是大补胞胎的元气，并将所汲取的营养全部集中到胞胎当中，如今你却要用附子这味引经之药，难不成是想将这仅存的气血输送分散到身体的各个部位吗？"年轻人听后惭愧地低下了头。傅青主见年轻人这副诚恳的样子，看似还懂得一些医学方面的知识，觉得他算得上是一个可塑之才，于是又对他说："我们中医讲究急则治其标，缓则治其本。我刚才给患者施以眉心穴针刺治疗，目的就是治其标，就是想让她在短时间内醒过来。但是光睁开眼睛还远远不够，醒与清醒还存在很大的差别，于是我们为她煎制大补气血的药物。在这种药物的选择上，我们一定要充分了解每种药物的特性，人参是补药之宗，黄芪、当归次之，一味主药外加两味

附子

辅药，这三味药汇聚在一起便足以大补患者之气血，所以患者才能恢复神志清醒的状态。”

在这个医案中，我们除了可以感受到傅青主医术高超之外，还可以从青年人提出质疑，傅青主毕恭毕敬地请教，以及当他得知了年轻人的用药建议错误时，顿时声色俱厉，这两个态度的转变，体会到他孜孜不倦、严谨好学的求学态度。从傅青主的身上，我们应该能感悟到一些东西。如今的我们，生活在高速发展的信息时代，信息来源广泛且信息量较多，在求学的态度上，好多人的内心都是浮躁的、不严

中华傅山园

中华傅山园

谨的，这个时候，傅青主不就正是我们的榜样吗？所以无论是在生活中，还是在学习上，当我们内心泛起波澜之时，或者当我们对待所学之事失去了严肃而敬畏的态度时，我们就应该想想这些为我们树立榜样的前辈，他们虽然在自己所处的领域已经取得了卓越的成绩，却依然在求学方面保持严谨的态度。我们现在作为一介无名之辈，有什么理由不去再努力一些，有什么理由不去再认真一些呢？

父母之恩，大于天。尤其是母亲孕育我们的时候，会伴随身体的一些不良反应，如恶心呕吐、食欲不振、肢体水肿等。对于恶心呕吐这种症状，从中医的角度来讲叫作“妊娠恶阻症”。其实大多数孕妇都会有这种状况的发生，虽然看似平平常常，但是若掉以轻心，也同样会对孕妇及胎儿产生不良影响。傅青主认为这种呕吐症状的发生是由于“肝血太燥”所致。中医讲求五行之说，并且认为“木、火、土、金、水”之间存在着一定的相生相克关系。根据五行的关系推测，“木、火、土、金、水”对应着“肝、心、脾、肺、肾”，所以说水生木，肾为肝之母。肾主藏精，当女子受孕以后，身体内的精气必将有所损耗，精气不足，连带着肝脏的功能也会有所影响，肝火旺盛导致肝气上升，由此引发呕吐症状的发生。在《傅青主女科》当中，有一剂方药专门治疗该症，叫作“顺肝益气汤”。傅青主曾说过：“顺肝益气汤乃治疗孕妇恶心呕吐之良药，但凡服用此方剂的人，我敢保证，服用一剂者，呕吐症状有所减轻；服用两剂者，呕吐症状基本消失；服用三剂者，呕吐症状完全不见。”

时至今日，该处方还广泛应用于临床上。据说在河北省的一个小县城，有位教师在怀孕三个月后出现了严重的恶心呕吐现象，尤其是在闻到厨房传来的油烟味时，症状更是加重。其家人为了治好她这个呕吐的症状，真的是煞费苦心，四处求医问药，但得来的结果却都差强人意。甚至还有好多人安慰这位女教师说：“孕期吐一吐很正常，不用过分

大枣、枸杞、人参、桂圆

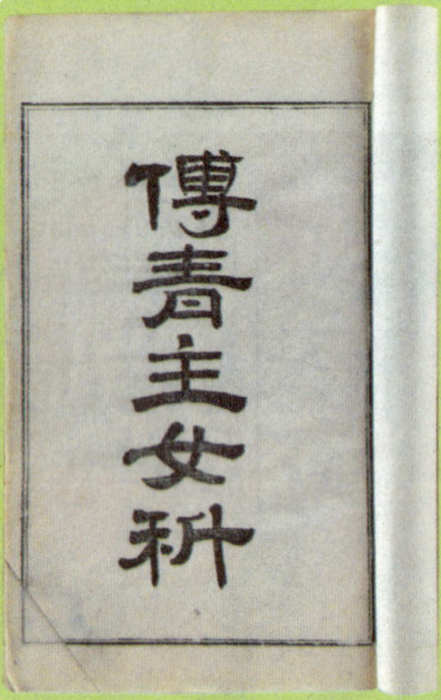

《傅青主女科》

担心的。”一次偶然的机会，听别人介绍说顺肝益气汤在治疗孕妇呕吐方面有很好的疗效，于是这位女教师就抱着试试看的态度开了三服汤药，没想到服用一服汤药之后，呕吐的次数明显照先前少了许多，服完第二服之后，基本上就没有了呕吐症状，三服汤药全部服完之后，竟然完全不呕吐了，预产期那天生下了一个健健康康的宝宝。由此可见顺肝益气汤在治疗呕吐症状的同时，还能有效地起到安胎的作用。

对于准妈妈来讲，孕期水肿也是很令人头疼的一件事。一提到水肿，大多数人会下意识地联想到水湿，会认为孕期水肿的产生是由于孕妇的湿气太重所致，其实并不然。在《傅青主女科》中，傅青主讲道：“气与血两虚，脾与肺失职，所以饮食难消，精微不化，势必至气血下陷而不能升举，而湿邪即乘其所虚之处，积而成浮肿症。”意思是说当人体气血两虚的时候，脾和肺的功能就会受到影响，继而使所吃的食物难以消化，所摄取的精微物质也难以被身体吸收，这必然会导致气血双陷，而不能向上升举，这个时候湿邪就会趁虚而入，身体就会出现浮肿的状况。所以在傅青主看来，治疗妊娠水肿的关键是补脾之血和肺之气，气血双补，湿气自然就消失了。为此，他特地研制出了加减补中益气汤，并声称但凡服用四剂者，浮肿定会全消。通过傅青主对妊娠浮肿的治疗，我们不难看出他勤于动脑，善于思考，不拘泥于老旧的思想，傅青主这种思考问题的方式，十分值得我们借鉴与学习。

知识加油站

五行的相生相克关系是指：

五行相生：木生火、火生土、土生金、金生水、水生木。

五行相克：木克土、土克水、水克火、火克金、金克木。

细辛

树林

第三章

诗书文画 学海颇深

傅青主在诗书文画创作方面有很深的造诣。《霜红龛集》是他在文学创作道路上的巅峰之作，该著作充分地体现了傅青主的学术思想，“四宁四毋”理论就是傅青主在该著作当中的点睛之笔。他不主张继续沿袭古人的书画写作方式，极力提倡遵循自己内心真实想法的写作风格，他提出的这个主张，对当时乃至后世的书画发展均产生了深远的影响。

傅青主在艺术方面，也具有很高的天赋。他所书写的草书，如行云流水般飘逸，他既不刻意模仿古代流传下来的柔美飘逸的写作手法，也不效仿当时盛行的任何流派。他坚持自己提出的“四宁四毋”理论，宁愿自己的字看起来写得生硬笨拙，也不愿意刻意地去追求复古式的圆润无力；宁愿自己的字写得错落有致，甚至被众人看作是“不堪入目”，也不愿意迫于规矩，而硬生生地将文字中规中矩地罗列出来。傅青主就是这样一位具有鲜明个性的书画家。他从来不会因为外在的客观因素而影响自己做出任何决定。傅青主的这种时刻保持本心

的品格，十分值得我们思考与学习。

傅青主的画在当时可谓是书画界中的极品，不少达官显贵绞尽脑汁、挖空心思地托人拉关系，只为求得傅青主的一幅亲笔画。可傅青主向来不走趋炎附势、攀附权贵的路线，对当时的官场更是嗤之以鼻，所以，每当有达官显贵不惜花费重金前来求画时，往往都被他婉言谢绝了，反而将自己的字画毫无吝啬地赠送给了贫苦百姓。

顾炎武是明末清初的大思想家、史学家，在儒家学术的研究上，成果显著，与黄宗羲、王夫之并称为“清初三大儒”。“天下兴亡，匹夫有责”这句千古绝唱就是出自顾炎武之口，仅仅通过这一句话，我们就能深深地感受到他忧国忧民的情怀。顾炎武作为傅青主的一位好

重峦叠嶂

友，曾这样评价他："萧然物外，自得天机，吾不如傅青主。"可见傅青主在顾炎武心中的地位之高。

在傅青主二十三岁的时候，其妻张静君产下一子。傅青主见儿子生下来时面黄肌瘦，面相不好，没有福相，有寿命不长之虞，他给儿子起名叫作傅眉，给儿子起的这个名字没有任何其他特殊的寓意，作为父亲，他只求儿子将来的人生之路平平安安、顺顺遂遂。在傅眉很小的时候，有一次张静君与丈夫上山游玩，在这个过程当中不慎跌倒，之后便患上了血崩之症，当时傅青主还不懂医术，于是带着爱妻四处求医问药，无奈的是所有求来的药方都没有使张静君的血崩之症发生任何好转。最终，儿时的傅眉失去了母亲，傅青主也因此深陷于失去爱妻的痛苦之中，之后再也没有另娶他人。张静君去世后，傅青主独自一人肩负起了照顾傅眉的重担，同时扮演起了父亲和母亲的双重角色。尽管儿子傅眉年龄尚幼，但傅青主无论是在生活上、还是在学习上，对儿子傅眉都是严格要求。在傅青主的精心教导与严格要求之下，傅眉果然没有辜负父亲的一片良苦用心，在书法、绘画、甚至武艺方面都有很深的造诣。

相传傅青主为了让儿子的臂力有所增长，曾经想出这么一个办法。家里的母牛生产下一头健壮的小牛，傅青主让儿子反复地抱起小牛，再放下，每天如此重复数次。开始的时候，傅眉只是能勉强地将其抱起，然后再费力地放下，渐渐地，抱起和放下都变得轻松自如起来。随着小牛体重的不断增加，傅眉每天依然还是可以不费吹灰之力地将其托举过头顶，由此可见，傅眉的臂力还是很有长进的。其臂力的增加，还有一事足够可以证明：傅青主一生可谓云游四方，在傅眉稍稍大一些的时候，傅青主便带着他一起四处游历，在游学的过程当中，难免会带上一些随行的东西，例如书籍、粮食、衣物、行李等杂七杂八的东西，这些耗费体力的事一般都被傅眉包揽了。

虽然傅眉在书画、武艺和经史等方面达到了常人难以企及的高度，但纵观傅眉的一生，

牛

还是充满坎坷与传奇色彩的。前面提到，在傅眉五岁的时候，母亲便意外去世了，其后，不谙世事的他便跟随父亲开始了新的生活。由于傅青主常年在外游学，傅眉更多的时候是在祖母的照顾下长大成人的，因此对祖母的感情甚是深厚。在傅眉十七岁那年，本来已经具有可以参加科举考试的资格，但由于明朝正处于动乱期间，满腹经纶的他硬是被父亲拉去逃难。傅青主早已看破了当时掌权者的嘴脸，于是给傅眉立下规矩：不得踏入官场半步。傅眉对父亲一直都是非常敬仰的，所以对于父亲的话，他十分听从，于是没有选择入朝为官，而是任劳任怨地协助父亲打理傅家上上下下的一切事务。

明朝彻底灭亡之后，傅青主直接出家，谋划着各种反清复明的活动，这回傅家老小的生活重担就完全落在了傅眉肩上。尽管傅眉生活压力很大，但他对于追求学问的态度还是十分积极的，白天上山砍柴的时

傅青主书法

候会经常怀揣着一本书，但凡有一点儿时间，都会坐下来潜心钻研。傅眉的这种求学态度，很值得我们学习。

傅青主在作画的过程当中发生过很多逸事。《柳崖外编》中曾有这么一段记录。据说有一天，傅青主喝醉了酒，临时起了兴致，于是提笔作了一幅草书，转身就回卧室休息了。这时傅眉经过书房，恰好看见书桌上父亲刚写好的这一幅字，于是心生贪玩之念，想自己描摹一份跟父亲相同的字，看父亲能否辨别出真假。写好后，他把父亲的字藏于桌下，把自己的放于桌上。不久，傅青主醒后回到书房，见桌上的字体，顿时唉声叹气地说道："我的儿呀，父亲昨天喝醉了酒，竟然写出如此字体，恐怕今生不能再多陪伴你了。"傅眉见父亲如此伤心，急忙解释道："父亲，您莫慌张，您的字被我藏起来了，您看的字是儿子随手描摹的。"傅山听罢此言，比之前更加悲伤地说道："如果事情

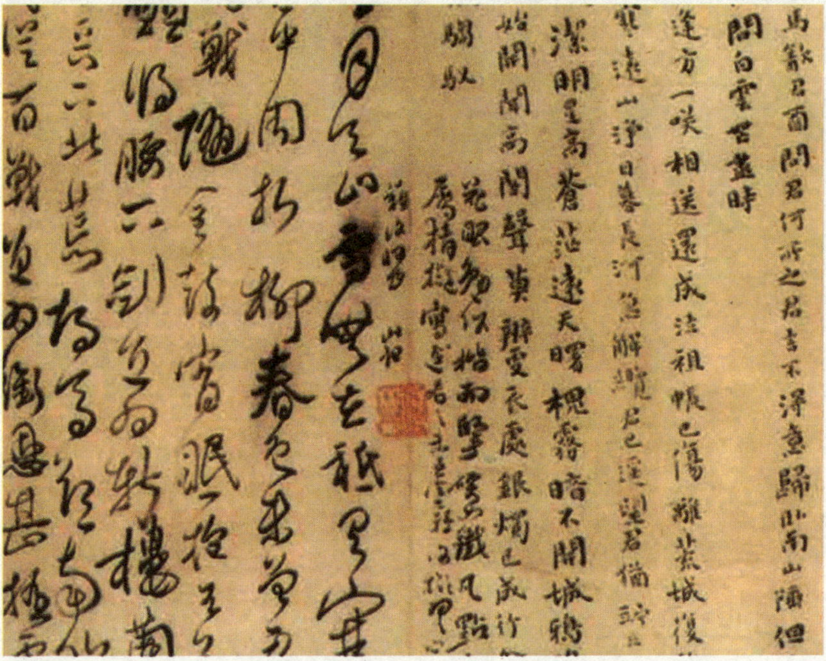
傅青主书法

秋天

真是如此，那恐怕你的命数也没有多久了”果然，没过多长时间，傅眉就病逝了。

还有一次，正值秋收季节，各家各户都陆续去山里采药，傅眉见父亲迟迟没有提采药之事，于是便主动问其缘由，傅青主无奈地说：“此次采药路途遥远，我们家又没有驴马之类的大型牲畜，该如何是好？”傅眉说：“莫不如借王老汉家的驴子一用？”其父答道：“王老汉向来奸诈狡猾，平时少有与外人交往的经历，如今你去借他的驴子一用，还不得碰一鼻子灰回来？”傅眉没听信父亲的这盆“冷水”，硬着头皮朝王老汉家走去。

其实这个王老汉早就希望拥有一幅傅青主的亲笔画，但又听说连当官的都很难得到傅青主的字画，自己身为一介平民百姓，更是没有理由张口。此次傅眉前来借驴子，这不正是天赐良机吗？于是就爽快地答应了。傅青主远远地见儿子傅眉欢欢喜喜地将借来的驴子牵了回来，就在心里默默思考王老汉这次这么轻易地把驴子借了出来，葫芦里究竟卖的是什么药？

采药之时，由于工作量较大，且注意力集中，傅青主和儿子竟然忘记了拴在一旁的驴子，不料这驴子挣脱绳索，自己凭着记忆回到了王老汉家。王老汉一看驴子自己回来了，顿时起了歪心邪念，心想：我先把这驴子藏起来，等

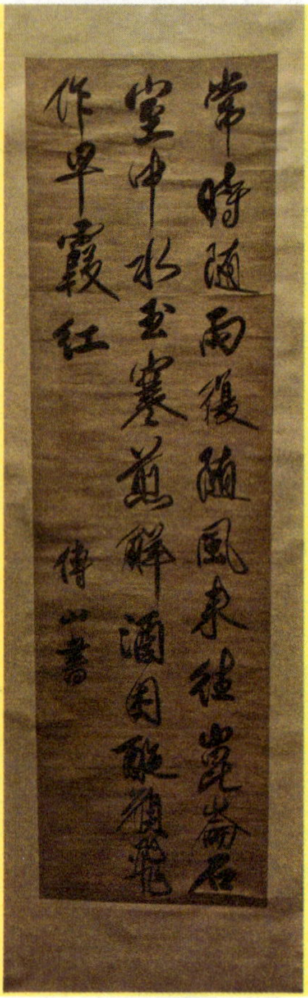

傅山遗墨

到傅眉来解释的时候，我就假装大方一回，告诉他不用赔偿，如果他过意不去，就让其父亲赠我一幅画就可以了。果然，当傅眉发现驴子丢失之后，急忙告知父亲，傅青主淡定地说道：“一会儿下山之后，你准备好足够再买一头健壮的驴子的银两，然后跟王老汉好声道歉，并将这银两交付与他，以表诚意。”下山之后，傅眉按照父亲的意思，赶紧备足了银两，来到王老汉家，十分客气地说道：“实在是万分抱歉，由于我的疏忽大意，才使您的驴子走丢，现在我将这银两赔付与你，改日您再到集市买一头新的驴子。”王老汉表面装作非常悲伤的样子，内心却是窃喜，故作镇定地说道：“傅眉，平日里看你跟父亲为人忠厚

秋收季节

驴

老实，今日驴子意外丢失，并不全是你们的过错，我的那头驴子，我还是非常了解的，它生性狂野，陌生人难以驯服，今日走丢，也是可以理解的，你不必自责，这银两你就拿回去吧。”傅眉一听这话，感到十分惊讶，心想：“平日里十分难以相处的王老汉，今日怎么像变了一个人一样，我丢失了他的驴子，他本该生气才对，现在他不但没有生气，反而将我赔偿的银两也退回了，这到底是怎么回事呢？”于是说道：“不管怎么说，也是我将您的驴子弄丢了，您若不收下这银两，我又怎么能好意思呢？”王老汉假装沉思了片刻，说道：“如果你真的过意不去，那就让你父亲随便送我一幅画以表歉意吧。”傅眉不假思索地就答应了。回到家后，傅眉就跟父亲讲了这来龙去脉，傅青主对儿子说：“既然我们丢失了人家的驴子，莫不如就画一幅驴子赠予他吧。”说罢，提笔便画了一幅驴子，随后傅眉就送到了王老汉家。王老汉打开画作，顿时欣喜若狂，连连称赞这幅画实在是妙趣横生，唯一令他不解的是，好端端的一匹驴，为什么不画上眼睛呢？

王老汉早就听说傅青主的画作价格不菲，没过几天，他就到集市上请来了一位贩卖字画的商人，商人打开画一看，也是连连称赞，但就是不肯出价格，临走时，那商人对王老汉说："首先我要恭喜你，能得到傅青主先生的字画实属不易，但是以我多年对画的品鉴来看，我并不认为这是一幅极佳的画作，作为行外人，想必你也看到了，这匹驴子是少了眼睛的。"说完，画商就转身离去了。王老汉一想，高难度的画我确实画不出来，但不就是少了眼睛吗？我点上就好。于是他找来一支墨笔，随手就画了上去，画完眼睛之后，那驴子似乎更加生动起来，好像活了一样，王老汉心中更是高兴不已，然后小心翼翼地

傅青主画作

将画收了起来。

又过了几天，王老汉再次请来画商，对画商说:“您走后，我再次登门拜访傅青主老先生，并请求其再次完善画作，现在驴子已经有了眼睛，还请您再次欣赏。”打开画轴，发现里面竟是一张白纸，驴子早已不知所去。原来傅青主的画乃是神作，但凡小动物，都不会画上眼睛，一旦画上眼睛，便会鲜活起来，不翼而飞。

傅青主跟张静君还有一个女儿，女儿到了出嫁的年龄，已是清朝时期。那个时候，傅家早已家道中落，此时的傅青主已经拿不出像样的嫁妆为女儿陪嫁，但是女儿出嫁，不拿点东西作为嫁妆，颜面上又过意不去。于是他将女儿叫到面前说：“明天是你大喜之日，为父没有什么贵重的礼物送给你，就送你一条门帘吧，但一定要切记，千万不要挂在门上，一定要挂在墙上。”女儿甚是不解，心想既然是门帘，为何偏要挂在墙上呢？倒也没有再过问，只是连连点头，双手接过了门帘。

到了第二天，女儿按照傅青主的意思，将门帘挂到了墙上，发现门帘上画的是两只喜鹊站在梅枝上的画面，好似下一秒要飞下来一样，生动极了。转眼间就到了就寝的时刻，两位新人刚准备休息，突然听见客厅里竟然传来了喜鹊阵阵的鸣叫声，于是两个人赶忙走到客厅，

梅
枝

喜鹊窝

惊喜地发现，原来门帘上的两只喜鹊竟然飞了起来，在客厅里来回盘旋嬉戏。这时女儿才明白，原来父亲送与自己的门帘并不是普通的东西，怪不得一再叮嘱自己一定要挂在墙上呢。

更加惊喜的事情还在后面，时间一长，女儿发现了一个规律：只要第二天晴空万里，头天晚上，两只喜鹊必然在客厅盘旋；只要第二天天气欠佳，两只喜鹊便在门帘上一动不动。有一天，女儿一个人在家仔细观察这幅门帘，心中不禁赞叹父亲画作的过人之处，明明是一幅画上的两只喜鹊，却可以飞出门帘，还可以起到预测第二天天气的作用。突然，她发现这门帘上的两只喜鹊竟然都没有眼睛，于是找来笔

喜鹊

墨顺手就画了上去，只见那两只喜鹊顿时飞了起来，还是像往常一样在屋顶上空盘旋了几圈，女儿本以为那两只喜鹊还会落回枝头，没想到，喜鹊在屋内盘旋了几圈之后，竟然径直飞向了屋外，再也没有飞回来。

虽然这些故事都是关于傅青主的作画传说，但也足以证明人们对其画作的崇拜程度之高，甚至达到了神化的程度。

傅青主在文学方面也有很多成就。傅青主著有许多著作，这些著作主要可分为两大类，一部分是医学类著作，一部分是非医学类著作。医学类著作方面：傅青主著有《大小诸症方论》《傅青主男科》《傅青主女科》。他是一位既注重理论，又注重实践的医家，可以说他的每

傅青主著作《青囊秘传》

一个医学理论，都是由自己的临床实践作为支撑的。傅青主的非医学类著作涉猎的范围十分广泛，其中主要以诗文、绘画、武术为主。《霜红龛集》是其文学创作路上的瑰宝，清代文学家瞿源洙曾这样称赞傅青主："书法图画，皆超绝古今，世人咸知宝贵。"其实傅青主字画的高超之处不只局限于其画技文笔的魅力，还有其品格的树立。上文曾提到的"四宁四毋"，就是其高贵品格的最好体现。这种坚守本心，不随波逐流的品质，实在是非常值得我们后人学习的。

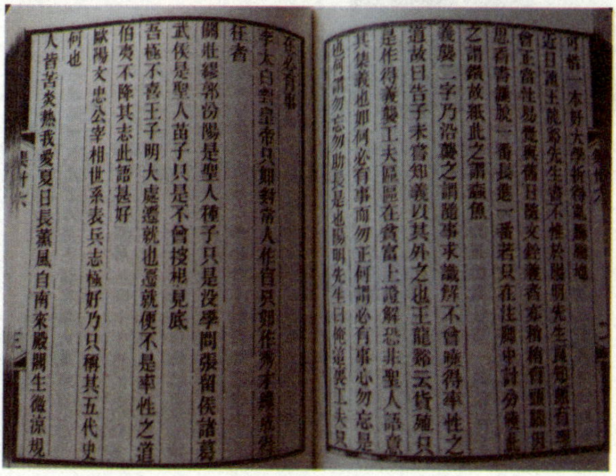
可惜一本好大學折得[illegible]
近日陳士龍谿先生書不惟於陽明先生真[illegible]
[illegible]
思看書撇脫一番長進一番若只在注脚中討分[illegible]
之謂鐵故孫武之謂[illegible]
義襲二字乃沿襲之謂隨事求識解不曾識得率性之
道故曰告子未嘗知義以其外之也王龍谿云貨殖只
是作得義襲工夫隱匿在貧富上證解恐非聖人語意
其集義也如何必有事而勿正何謂必有事心勿忘是
也何謂勿忘勿助長是也陽明先生曰俺遂笑工夫只
在必有事
李太白對皇帝只如對常人作官只如作秀才[illegible]
在者
關壯繆郭汾陽是聖人種子只是没學問張留侯諸葛
武侯是聖人苗子只是不會投胎見底
吾極不喜王子明大處遷就也遷就便不是率性之道
伯夷不降其志此語甚好
歐陽文忠公宰相世系表兵志極好乃只稱其五代史
何也
人皆苦炎熱我愛夏日長薰風自南來殿閣生微涼規

《霜红龛集》内文

知识加油站

"清初三大儒"存在的时代背景与现实意义：

明末清初，乃是时代交替、改朝换代的动乱年间，以"清初三大儒"为首的一大批有识之士在这个关头涌现出来，提出了很多具有创造性的观点，为中国哲学的发展起到了一定的催化与促进作用。

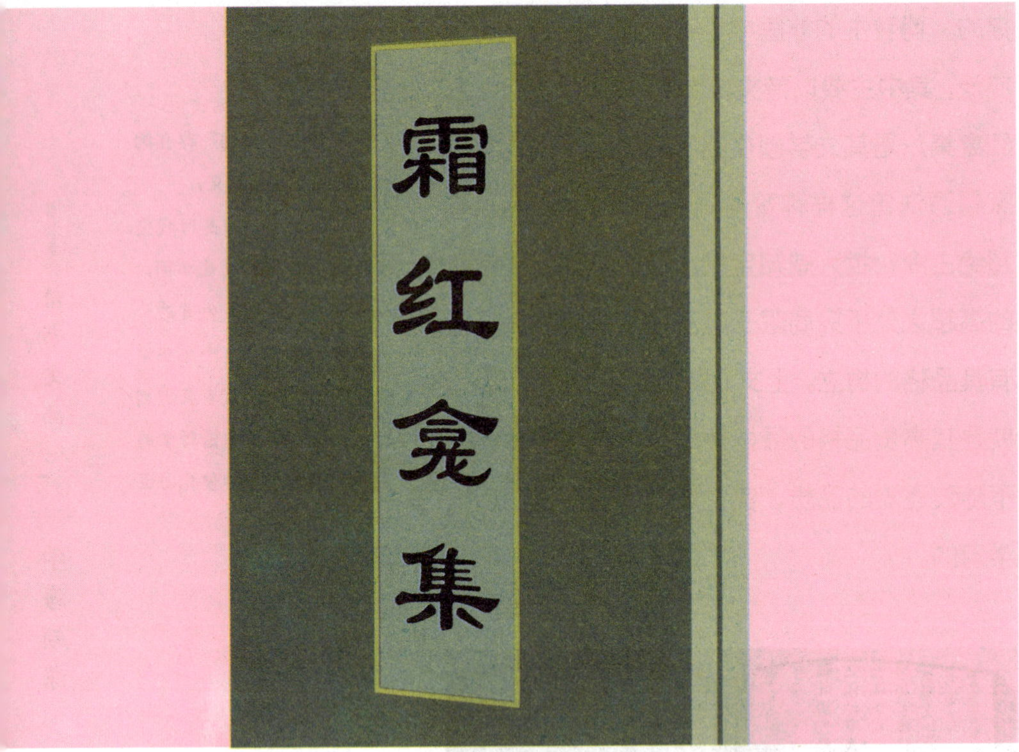

《霜红龛集》

第四章

隐居山林　密谋反清

傅青主生活在明末清初，那个历史时期正是朝代兴替的特殊阶段。身处乱世的他，尽管身为一名医生和文人，但是他依旧初心不改，心怀报国之志，以道士之名筹划反清之事，积极地投身于反清复明的各项活动之中。虽然傅青主的英雄事迹在史书当中少有记载，但是他在抗清斗争中的所作所为，足以表明他对明朝的赤诚之心，这一点是无可非议的。

在清朝统治势力不断增加，短时间内连续攻下蓟州及明朝其他重要州县的同时，以李自成和张献忠为首的农民起义军，也发展成了威胁明朝中原地区不可小觑的力量。起义军在两年的时间内迅速崛起，他们目标清晰，分工明确，其中张献忠主要负责领导南方的起义，而李自成主要负责领导北方的起义。两股势力都想要占据中原，明王朝处于岌岌可危的不利地位。这一切，傅青主都看在眼里，急在心上。傅青主作为一位有志之士，眼看着国难当头，他不以闲人自居，不会置国家危难于不顾，他积极联络各种志同道合的文人墨客，积极筹划，力求使明朝恢复如初，实现国家统一，民族安定，百姓安宁。

蔡懋德是万历年间的进士，担任山西巡抚的时候，曾经为朝廷选拔过很多优秀的人才，他也可以称得上是很多“千里马”的“伯乐”。在李自成大举进攻的时候，蔡懋德曾说过这么一句话：“我到了晋，首先要做的事就是解决山西百姓的温饱问题，一定要让他们有饭可吃。”到了晋之后，紧接着他又跟当地百姓表明了自己的态度，声称“求通民情，愿闻己过”。意思是说我既然来这里做官，就不怕别人指出自己身上存在的缺点与过错，只要我有做得不妥当的地方，大家一定要及时提出来，以便让我虚心改正，同时当地百姓若是有困难，也不必不好意思张口，我还是很愿意了解民意、体察民情的。得民心者得天下，

其实蔡懋德这么做的意思很明确，他就是想要拉拢民心，使百姓安心于明朝的统治，从某种程度上阻止起义军。

蔡懋德的想法虽然趋于完美，但是付诸行动还是具有一定难度的。迫于种种原因，蔡懋德在经济以及政治上设想的种种举措并没有落地生根。对于自己的计划没有实现，蔡懋德没有选择就此放弃，而是在太原开始了三立书院的讲学生涯，以求最大限度地使明朝起死回生。对于蔡懋德发起的种种举措，傅青主的观点很明确，他也很反对李自成和张献忠带领的农民起义，因为他们二人想推翻明朝的统治。可即便如此，他也不认为蔡懋德的行为是有利于恢复明朝统治的必要途径，在傅青主看来，蔡懋德的这一套设想不过只是空想而已，根本无法实施，

山西太原风光

中华傅山园

对于抵抗农民起义起不到特别明显的作用。傅青主虽然不赞同蔡懋德的政治做法，对于蔡懋德的讲学还是按时参加的。在他的观点里，参加蔡懋德组织的活动，虽然只是听听而已，但足以表明他支持明朝统治、反对农民起义军的坚定立场。

傅青主对农民起义军的态度并不是一成不变的，在后期，他甚至赞扬了农民起义军的领头人陈胜，傅青主说陈胜是个有勇有谋的年轻人，他的勇气不亚于荆轲刺秦王时的勇敢，他的谋略不亚于想要扬名世代的文人。在当时的封建社会，傅青主对农民起义军能有这样客观的评判还是很难得的。但是傅青主的观点和立场始终没有任何改变，他对李自成和张献忠带领的农民起义军还是持反对意见，同时对与农

晋祠博物馆中雕塑

民起义军坚持做斗争的一系列爱国人士甚是钦佩，如虽然溃败于敌军但坚决不投降的李振声，还有丢失了太原城而选择自杀的张宏业等。

眼看着农民起义军的势力日益壮大，傅青主越来越担心他们会对中原百姓胡作非为。其实这种担心大可不必，因为既然李自成和张献忠选择反明，就一定是想要改朝换代、统治天下的。无论谁成为掌权者，老百姓都将是他们执政的根基所在，所以换个角度思考这个问题，其中的道理就很简单明了，哪个统治者都不希望自己成为百姓的对立面，如果没有百姓的拥护和爱戴，多么有能力的当权者都不会在历史的长河中行走太远，正如“水能载舟，亦能覆舟”的道理。

李自成带领的起义军不久之后便越过黄河攻下山西，明朝危在旦夕，就在这时，崇祯皇帝把最后一线希望寄托在了李建泰身上，在李建泰出征之前，崇祯皇帝为其举行了十分隆重的出师宴，并请傅青主

山西太原风光

和韩霖当场作画为其壮行。时间一天一天地过去了，李建泰在前线并没有传来捷报。尽管这样，傅青主还是对其抱有最后的希望。但是天不遂人愿，李自成带领的农民起义军日益壮大，不久之后，便占领了太原城。晋王走投无路，沦为俘虏，蔡懋德悲伤欲绝，选择自缢而亡。又过了不久，明朝灭亡了。

对于傅青主来讲，虽然明王朝的灭亡早已是在预料之中的事情，但是他万万没有想到这一天会来得这么快，所以在傅青主的内心当中还是很难接受这样的事实的。傅青主曾说自己与屈原的处境不同，在某种程度上，自己甚至还是远不如屈原的。因为屈原在写《离骚》的时候，他还没有失去自己的家园，楚国虽然处于危难之际，但还尚在；而自己现在的国家，崇祯皇帝已经自缢身亡，国家已经不复存在，明王朝正逐步地消失殆尽。天下之大，却无以为家，这是何等的无奈与

園

碑

多福寺——傅青主读书的地方

凄凉啊！

傅青主不仅是位爱国志士，更是负责任的儿子与父亲。明朝彻底灭亡之后，傅青主不忍心将母亲与孩子留在家中，于是带上一家老小，开始了四处避难的艰难之旅。也正是在这个逃亡的过程中，他开始策划自己后半生的道路，以及如何进行反清复明的种种举措。

不久之后，傅青主就来到五峰山找到了道士郭静中，并拜其为师，从此之后，穿红衣，住寺庙，人称朱衣道人。从表面上来看，傅青主之所以选择出家当道士，是因为想要远离尘世的喧嚣，从而与乱世分离开来，实际上则是他想利用道士之名作为掩护，大范围地结交与自己有相同志向的有识之士，以便为后来的反清复明活动积蓄力量。傅青主选择归隐深山，还有另外一个重要的原因，当时清朝刚刚建立，朝廷上下以及各个下设的职能部门十分缺少有才能的人，所以当权的统治者想了一个办法，那就是竭尽全力地令明朝遗老返回朝廷，从而为清朝效力。被重新召回朝廷的还有另外一部分人，那就是虽然曾经没有当朝为官但是确实拥有一定的才华的人。换句话说，就是那些一直被埋没、没有机会展露自己才华的贤士。傅青主就正属于这第二部分人。按理来讲，他应该入朝为官，为清朝效力，但是这并不符合他自己内心的想法，可是他又不能明目张胆地直接与清朝对立，所以万全之策就是他宣扬自己已经出家，这样就可以理所应当地不去入朝为官。他这么做有两个好处，一方面保全了自己的气节；一方面，在表面上没有与清朝敌对，私底下却可以进行反清复明的各项活动。

郭静中作为一介道士，常年隐居深山，看似两耳不闻窗外之事，甚至对于明朝的逐渐灭亡好像也并不关注。但是在反清复明的这件事上，郭静中却显得十分积极，他晚年的时候，正是清兵进入关内的时候。在此期间，对于那些来到山上请他算卦看病的人，他一律选择闭门不见，但是对于那些前来密谋如何反清复明的爱国人士，他却十分欢迎。从对待反清复明这件事的态度上来看，郭静中与傅青主是站在同一条战线上，师徒二人乃是志同道合之人。

傅青主从事的反清复明活动，主要是以筹划武装斗争为主。对于历史上那些为光复自己国家而不懈奋斗的仁人志士，他崇拜、敬佩的人有很多，例如，张良就是他所尊崇的爱国人士之一，同时他也十分希望自己可以成为张良那样的人——为了国家的命运兴衰，做好全力以赴的准备，哪怕是牺牲自己的性命也在所不辞。

傅青主出家为道以后，首先带着儿子傅眉和挚友陈谧到的地方是盂县，随后又辗转到了藏山以及七机岩。傅青主在此期间做了许多诗篇，例如，《藏山》《七机岩》等，这些篇章无一例外，表达的中心思想都是希望能有一支队伍，突然站出来，扛起反清复明的大旗，从而打败清朝，光复明朝。傅青主在这段时间的生活好似度日如年，每天

傅青主家乡风光

傅山碑林公园

傅山碑林公园

晋祠

都在惆怅、抑郁、苦闷中徘徊，他甚至想到如果自己在一年之前死去，那么现在也许就不会经历这百般煎熬了。每当想到这些，他的心情就会变得比之前更加沉重。但是转念一想，既然自己已经生长在这个乱世，那么就不能选择坐以待毙，一定要为反清复明贡献出属于自己的一份力量，正所谓“天下兴亡，匹夫有责”。

1645 年注定是不平凡的一年，南明朝廷在举步维艰的境地下艰难地存活着。四月和五月期间，扬州和南京相继被清兵攻破，同年李自成虽然在九宫山战死沙场，但是其部下的力量仍然没有明显的消减，抗清斗争依旧十分激烈，傅青主的心情也随着反清的进展而变得此起彼伏。傅青主后来又移居晋源的晋祠，每天行医看病，饮酒下棋，看似过着优哉游哉的生活，但是只要我们稍加品读他当时的诗词，从中不难发现他仍然在为国家的危亡而担忧，心中常常充满抑郁悲愤之情。

傅青主后来也坦言，自己在晋祠隐居期间，外人看来生活好似过得很是快活自在，实际上在这期间所筹划的反清活动，只有自己最清楚这个过程究竟有多心酸。此外，傅青主还是一个十分耿直的人，在他的诗文里，常常会出现其他文人所不敢提及的词汇。准确地说，在傅青主的诗篇当中，我们透过字里行间会经常看见一些明显的充满反清色彩的言论。

傅青主在这一特殊的历史时期所从事的事情，虽然在史料当中没有明确的记载，但是以当时的时代背景作为基础，以那一阶段所发生的事情作为依托，我们不难推断出傅青主当时做了些什么。交山农民起义军可以称之为是明末清初较早的一支农民起义队伍，刚开始这支

队伍所反抗的对象是明王朝，后来由于明王朝逐步走向灭亡，这支起义军意识到当务之急是救国，而不是推翻原本腐朽的明王朝，于是将斗争的矛头迅速地指向了清朝。再加上清政府急于巩固自己的政权，下发了一条禁令，即明确禁止百姓养马，即使是为了农耕生产所需，也是万万不允许的。这一荒谬的条令，瞬间激怒了很多人，农民起义揭竿而起，其中交山地区主要以王显明和张成志等十一人为首，王显明在石锁关曾经一举歼灭清朝的运粮队伍，这极大地鼓舞了农民起义军的士气。我们不敢确定农民起义军的所作所为是否是傅青主所直接领导与参与的，但是农民起义的兴起，在一定程度上为傅青主在民间组织反清复明的活动提供了一个相当便利的条件。

农耕时期

傅山碑林公园

傅青主在《风闻叶润苍先生举义》一诗中大加赞扬了叶润苍先生反清复明的壮举。叶润苍是山东人，曾在 1647 年加入榆园军，从此步入反清复明的大潮当中。他在参加起义军之后的四年，可谓无所不惧，有勇有谋，奋勇杀敌，在沙场上屡立战功，不幸的是在 1651 年因被敌军俘虏而壮烈牺牲。傅青主十分赞赏叶润苍的人格魅力，甚至在诗文中表明，自己虽然不能与叶润苍一同驰骋沙场，但是自己也跟叶润苍一样，拥有一颗反清复明的决心。

1648 年 12 月，傅青主一直期盼的大规模的反清复明活动终于拉开了帷幕。1649 年在山西省，反清大起义已经随处可见，参加起义的将领大多为原来的明朝首领，这场史上规模最大的反清复明大起义，对于清朝统治者来讲，无疑是沉重的打击。尽管这场起义的规模空前盛大，参加起义的人员也是有史以来最多的，但是由于各种客观因素的制约，起义军们虽然已经竭尽全力，但最后还是迎来了失败的惨重结局。

这场反清复明大起义的失败，对于傅青主来讲，实在是难以接受，但是他又不得不接受这样惨痛的现实。无奈之下，他只能每天写书、作画、行医看病，他看似已经接受了明朝衰亡的现实，其实在内心深处一直深埋着反清复明的种子。

在这个特殊的时期，傅青主的心理活动是十分错综复杂的，他不满足于自己只能在幕后策划与指挥反清复明的活动，也想像其他将士一样，赶赴前线，奋勇杀敌，哪怕战死在疆场上，也在所不辞。但是转念一想，自己的老母亲现在已经年迈，而且身体状况欠佳，自己在这个时候离开母亲，赶往前线，让母亲为自己担惊受怕，这是何等的不孝顺啊！但是继续守候在母亲身边，每当前线传来将士牺牲的消息，他都会感觉自己好似一个懦夫，不敢到前线奋勇作战。

迫于种种无奈，傅青主清楚地认识到，自己不可能前往战场，既然选择在幕后，那么就要全力做好幕后的一切事情。1650 年，傅青

日落

主从平定出发，前往汾阳，路过祁县的时候，他特意拜访了戴枫仲，俩人在丹枫阁密谈了当时的天下大势，同时对在抗清斗争中涌现出的一大批勇士大加赞扬。傅青主并没有在汾阳久留，之后又回到太原，与宋谦至少进行了两次会面。宋谦当时负责南明政府的所有兵力调动，以及抗清队伍的全部部署，由此可见，傅青主到目前为止，仍然心系明朝的复兴，正所谓初心未改。

知识加油站

“三立书院”：

从当时山西的整体教育体系上来看，三立书院算得上是数一数二的高等学府，傅青主就是在这样的高等学府师从袁继咸老先生。

中华傅山园

太原晋祠风光

第五章

国难危亡 宁死不屈

随着清朝势力的不断壮大，南明朝廷的灭亡不过早晚之事。即便如此，作为爱国志士，傅青主在反清复明的道路上仍然抱有一线希望，他不相信自己的国家马上就要毁于一旦，他也不愿意接受自己赖以生存的这块土地马上就要由新的统治者来领导的事实。他宁死不屈，誓死抵抗，他希望自己能够为处于危难中的国家贡献出最后的力量。

1653 年秋冬时分，傅青主离开汾阳，回到太原，暂时居住于原来住过的西郊土堂村。这个村庄风景秀丽、景色宜人，非常适合休养生息。虽然傅青主住着感觉很舒服，但是每当想起国家正处于危亡之际，心里就难免升起一阵郁闷，他悲愤自己已经到了这把年纪，却仍然壮志难酬。为了缓解自己内心的这份不悦，每天他都把自己的时间安排得满满的，实在没有什么事情可做，他就带着儿子和侄子练习书法，以此解忧。

1654 年，傅青主的挚友范芸茂意外身亡，这个消息对于他来讲简直是晴天霹雳。范芸茂与傅青主两个人志同道合，他

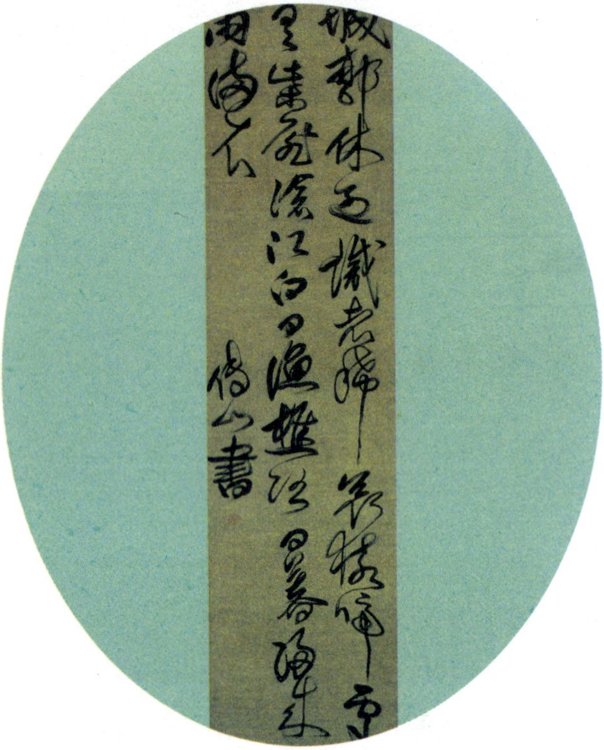

傅青主《草书立轴》

们曾经在一起共同密谋过反清复明的活动，同时他们二人还一同在三立书院进行过学习。这种种经历，促使他们成为彼此的知己。他们在一起的时候经常会谈论当时的政治走向，以及自己对朝代更替的看法。两个人之间的交谈没有任何顾忌，简直就是无话不谈。而这次范芸茂竟然不是因为抗清而牺牲，反而因为意外而身亡，这实在是令傅青主难以接受。

“福不双至，祸不单行。”令傅青主万万没有想到的是，一个更大的变故紧接着就发生在了自己的身上。1654 年 6 月 13 日，傅青主被捕入狱，对于傅青主入狱的缘由，很少有文献记载得十分清楚，这就是著名的“朱衣道人案”。所谓患难见真情，傅青主入狱之后，他的朋友们想尽一切办法只为将他营救出来，傅青主的母亲也曾对傅青主的朋友们说过："今日傅山被捕入狱，是预料之中的事情，你们已经竭尽全力地营救他了，既然困难重重，就不必再费心思了，我儿死得其所。"傅青主在狱中顽强不屈，无论面对怎样的艰难险阻，都始终抱着必死的决心，誓死抵抗到底，为此，他在狱中一度绝食九日。傅青主的挚友白孕彩知道他身体不好，怕他在狱中吃不消，于是主动请求到狱中陪伴照顾傅青主。这一照顾，便是长达几个月之久。对于傅青主与白孕彩的这段用性命交换来的友谊，是值得后人称颂的。

其实傅青主早就知道，自己所从事的反清复明活动虽然是在私底下秘密进行，但是仍然存在着一定的被捕风险。他早就做好了入狱的准备，将母亲、弟弟、儿子都安顿好，不与自己同住，以防止连累自己的至亲。即便傅青主被捕入狱的时候已经与家人分开住有一段时间了，但是儿子傅眉、弟弟傅止也难逃一审。好在宋谦被捕之后，傅青主已经得到了小道消息，所以在口径上面，他与自己的弟弟和儿子早已达成了一致。

入狱之后，傅青主首先由太原知府进行审问，知府是这样审问傅青主的："你作为一介秀才，为什么选择出家当道士呢？现在宋谦企图造反叛变，他说你知道这其中的实情，可有此事？”傅青主听后，从容不迫地答道：“我妻子去世得早，李自成又占领了都城，我们傅家由此家道没落，所以我选择了出家当道士。”他这么回答，巧妙地回避了自己是因为反清才选择出家的原因。紧接着又说：“我平时不仅会写诗绘画，而且还会看病救人，所以总会有人前来拜访我，要么看病，要么求字画。之前有一个姓宋的人想要见我，来了几次，我都没有选择与他见面，因为我曾经听说他人品不好。再后来他又带来书作为见面礼，说是孙都堂的公子生病了，想要请我去看病。但是我明明知道孙都堂无儿无女，所以他送来的礼物我也没有收下，再一次把他给拒之门外。我想可能就是因为此事，我把他给得罪了吧。”知府并不相信傅青主所言，所以对其施以刑罚，尽管如此，傅青主的供词仍然没有任何改变，甚至振振有词地说：“不信你把姓宋的叫过来，然后将我与其他人混在一起，如果他能认出我，我就认罪。”

傅青主之所以敢这么说，是因为他早就知道宋谦已经被处以死刑。尽管死无对证，但傅青主还是没有被放出来。

初审除了审问傅青主之外，对其儿子和弟弟也进行了审问，好在三人事先做好了充分的准备，回答的方式几乎完全一致。面对审问，傅眉是这样回答的：“自从父亲出家以后，我们已经有将近七年的时间不在一起生活了，他做了什么样的事，接触了什么样的人，我全然不知。不过去年倒是听说确实有一个姓宋的人，多次前来拜访我父亲，还给父亲带来了礼物，但是父亲生性倔强，不但没有收下礼物，而且也没有答应与那人会面。”很显然，对傅眉的这一番审问，并没有得到与傅青主有关的其他有价值的线索。所以在对傅止进行审问的时候，审判官是直接这样问的：“你哥哥傅青主与造反叛变的宋谦在私底下有往来，作为他的弟弟，你一定知道这其中的实情，赶快说一说吧。”很明显，

中华傅山园

清風徒閣前

审判官是想诈一下傅止。傅止并没有中他的圈套，所出之言与傅青主、傅眉父子二人没有太大差异，傅止是这样回答的:“在我十八岁那年，父亲就去世了，等我到了二十岁那年，哥哥就出家了，我俩住在两个村子里，他住在土堂村，我住在西村，他对儿子傅眉和母亲的生活一概不管，傅家上下全部由我在打理。我哥哥这个人性格古怪，脾气倔强，有知识，有文化，说起话来口无遮拦，至于是否与宋谦往来，我确实不太清楚。”尽管三人口供一致，但傅青主仍旧没有被释放。

初审之后，紧接着又对傅青主、傅止、傅眉进行了复审。在复审的过程中，三人的说法依然一致。审判官是这样询问傅青主的：“宋谦说你在汾州居住的时候，经常与一些人有密切的往来，那么与你交往的都是些什么人？”傅青主是这样回答的：“我是一个道士，平时与我交往的当然也是出家之人，绝对不是一些反清复明的叛贼。”审判官将审讯结果上报给当时的巡抚陈应泰，陈应泰认为：“傅青主作为在山上隐居的道士，言行举止都与普通百姓有所区别，他说他并没有与宋谦见面，但是他若知道宋谦的行为，他又为什么不举报呢？如果他不知道实情，那又为什么拒绝与宋谦见面呢？”显然，复审过后，依旧疑点重重，傅青

村庄

刑具

主依然没有出狱。

在狱外，傅青主的朋友们也没有闲着，都在想尽一切办法营救其出狱。魏一鳌是傅青主的多年老友，此人性格耿直，为人宽厚，任知州期间，经常会在傅青主遇到困难的时候出手相救，两人感情相当深厚。这次魏一鳌又冒着生命危险为傅青主作证，也足以证明两人关系非同一般。

对于傅青主在狱中多天水米未进的原因，后来在民间有两种解释，一种说法是，他在监狱中受尽各种严刑拷打，所以致使身患重病，想进食却吃不下。一种说法是，傅青主在主观上就不想进食，以此来进行反抗。总之，无论是出于何种原因，我们在整个事情当中看见的都是一个有血有肉、顽强不屈的傅青主。

傅青主作为一个大孝子，他在狱中最放心不下的就是自己的老母亲，最深感愧疚的还是自己的老母亲。但是在国难当头的时候，他又不得不选择大义，正所谓“忠孝不能两全”，这个道理虽然简单明了，但是真正抉择起来真的太难了，傅青主为此也是深感忧虑至极。好在傅青主的母亲是个懂得事理的人，对于儿子所从事的反清复明活动，她早就心知肚明，也早已做好了白发人送黑发人的准备。作为一个母亲，她确实很需要儿子，但是她更明白，作为一个国家，也确实更需要像自己儿子这样深明大义的有识之士，因此，她老人家毫无怨言地选择将自己的儿子献给了国家。

1655 年 7 月，傅青主终于出狱了。这本该是一件令人高兴的事，但傅青主就是开心不起来，相反还有几丝忧虑。他认为自己现在的生活无异于苟且偷生，因为自己之所以能够出狱，是因为在审讯当中隐瞒了一些事实，所以才保全了性命，自己并没有像其他爱国志士那样，无论在任何环境下都对自己的信仰侃侃而谈。相反，自己在生命受到威胁的时候没有选择在公堂上大义凛然，而是选择了保全性命。但是转念一想，自己现在也已经一把年纪，因为伸张大义而牺牲也不是不可以，只不过现在家中还有老母尚在，还有多年的壮志未酬，就这样死去，实在是心有不甘。这种纠结、无奈、

郁闷，甚至是自责的情绪，一直困扰傅青主好多年。

出狱之后，傅青主回到故乡西村进行疗养。这里原本是让他魂牵梦萦、流连忘返的地方，但现在他所能感受到的，除了物是人非的凄凉之外，已经别无他感了。在西村的这段时间里，傅青主反复回忆、总结自己的前半生，他认为自己是失败的，因为一直以来所参与的反清复明运动没有一个是成功的，而且自己还因此被捕入狱，但最终也没有对抗清运动起到任何明显的作用。

眼看着北方的反清运动逐步停息，傅青主虽然已经年过半百，但他还是很想到南方走一走，看一看，希望自己在南行的旅途当中能为反清斗争寻找出哪怕是一丝丝的新希望。准确地说，他在南行之前已经将全

南下的旅途中

部希望寄托在了在南方领导反清队伍的郑成功，以及张煌言身上。在他南下的旅途当中，当听到郑成功已经将南京包围了的时候，傅青主好似看见了胜利的曙光，仿佛明朝的再次兴起就在明天，心中可谓斗志昂扬，恨不得逢人就说自己现在的既兴奋又激动的心情，之前的忧虑一扫而光，只是一心想着早点到达南京，与郑成功一起举起抗清的大旗，为反清复明贡献出自己的一份力量。

希望有多大，失望就会有多大。当傅青主真正到达南京的时候，眼前的景象并不是像自己日夜期盼的那样。事实上，此时的郑成功已经被清兵打败，退往厦门了，这个事实对于傅青主来讲，无异于是当头一棒。原来，郑成功在刚刚包围南京的时候内心还是有些许的骄傲

傅山学社

与自满的，他认为攻下南京是轻而易举的事情，只不过是早一天或者晚一天而已。正是这种轻敌的态度，使郑成功对城内的清兵放松了警惕，而清兵也正是利用了他的这个疏忽，出其不意地从城里突然反击，从而大获全胜。郑成功也因此错过了攻下南京的最佳时机。郑成功部队的溃败，对于同在南方领导反清运动的张煌言来讲也是一个不小的打击。郑成功的退败直接导致张煌言部队陷入唱独角戏的尴尬境地，最终张煌言的部队也落荒而逃。面对南京城里满城的清兵，傅青主真的是失望至极，悲伤的心情顿时涌上心头。

既然郑成功已经不在南京，傅青主认为自己继续留在南京也没有意义，于是一路前行，陆续到了淮安、沛县和海州。到达海州之后，他又去了田横岛。田横岛原本叫作郁州，后来由于田横曾带领五百壮士拒不向汉高祖投降，而选择一起自杀而得名。傅青主站在岛上反复

以景喻人悲伤之情

大海

地思考田横的这段事迹，对自己现在的处境更加不满。此时的他虽然已经年过半百，但是仍然十分强烈地希望自己能够走上战场，报效祖国。他甚至还心存一丝幻想，希望能有一位名将横空出世，继续在北方扛起反清的大旗，然后自己弃笔从戎，奋勇杀敌，一展心中的宏伟抱负。

最终，傅青主所期盼的画面并没有出现，经历了这么长时间的动荡，清政府已经具备了使百姓过上安居乐业的生活的条件，明亡清兴已经成为现实。从此之后，傅青主重回故里，再也没有了四处奔走的想法。

知识加油站

朱衣道人的由来：

明朝衰亡之后，清朝入主中原，清政府命令所有男子必须把前颅头发剃光。傅青主不想服从清朝的统治，于是穿上红色的道士服，进山拜郭静中为师，从此出家为道，由此得名“朱衣道人”。

太原风光

太原风光

第六章

光照千秋　标榜史册

傅青主的一生可谓充满坎坷与传奇，神医、画家、诗人、隐士、爱国志士等身份都不足以完整地定义他的人生，但是无论他以什么样的身份存在，都值得我们后人敬仰与尊重。他在各个领域所取得的成就，无论是在当时，还是在当今，都具有重要的地位。特别是在临床医疗方面取得的研究成果，时至今日，在临床治疗当中仍然具有重要意义。

傅青主出生在书香门第。父亲傅之谟，可谓一身正气，可能因为早就看透了官场上的尔虞我诈，于是远离仕途，一心在乡里教书，是当地有名的教书先生。傅青主的叔叔傅之谦、傅之诲等也均不与官场沾边，都是以单纯地做学问为主。傅青主正是在这样的学术氛围下成长起来的，因此他在对待学术的问题上可以说是十分地严谨。

众所周知，傅青主是一位十分出色的书画家，他的书画在当时是十分难得的，有人曾经这样称赞他的书画："书法图画，皆超绝古今，世人咸知宝贵。"由此可见，当时人们对其书画的喜爱程度。书法家黄

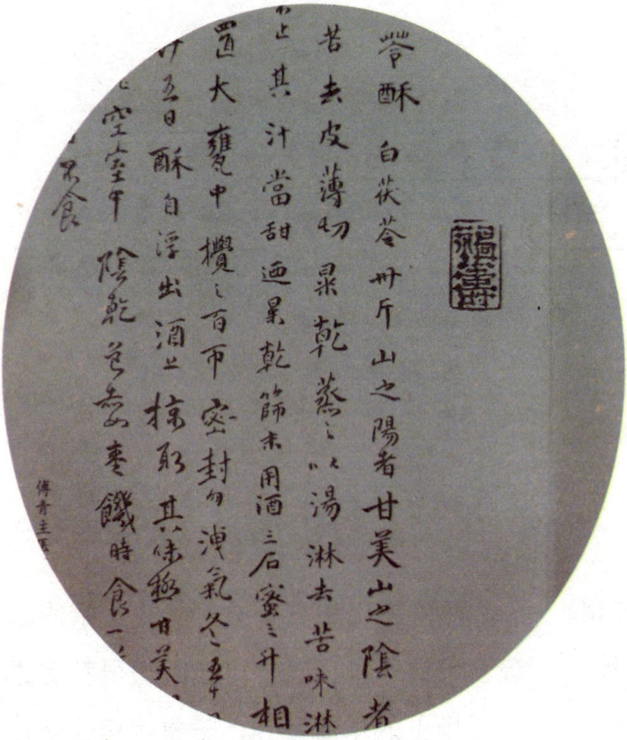

傅青主遗墨

道周也曾赞扬过傅青主的书法，说他的书法可以称为是晋唐之后写得最好的。其实我们仔细想一想，就算傅青主的书画水准在当时确实达到了很高的水平，但是人外有人，天外有天，在当时可能会有比他更出色的人。或者即使没有比他更出色的人，也一定会有跟他不相上下的人，但是为什么当时的人们这样推崇他呢？这是与他的人格魅力分不开的。换句话讲，人们不仅喜欢他的字画，而且更加欣赏他的人格。

傅青主的一生可谓雷厉风行，我行我素。他当时所生活的年代，十分盛行“台阁体”的书画风格，文人墨客们都在近乎疯狂地追捧这种创作方式。傅青主却选择不与他们同属一种风格，他大胆创新，勇于开拓，提出了独树一帜的“四宁四毋”理论，为诗书文画的发展谱写出了崭新的篇章。也正是因为他的书画作品风格不与世俗同流合污，

山水之美

所以深受大家的喜爱，因此傅青主的作品以多种形式被广泛地流传下来。时至今日，我们在各地的博物馆都还能一睹其书画风采。

后世对傅青主在诗书文画方面的评价一直都很高。因为傅青主所处的历史时期十分特殊——明末清初，正值朝代更替的特殊阶段，各路文人墨客鱼龙混杂，而傅青主是一个时刻追求进步的文人，当然不能与他们混为一谈。喜爱傅青主的人非常多，其中包括郑板桥、龚自珍、魏源，甚至是当代的鲁迅，他们都是傅青主的忠实“粉丝”，由此可见，后世对傅青主书画作品的认可程度之高。

在医学领域，傅青主可以称得上是独树一帜的传奇人物。他不仅医术高超，而且医德高尚。在医术方面，《傅青主女科》是他的代表性著作，这部医书广泛地收录了妇女的常见疾病，以及各种疑难杂症。

《女科》

针对各类症状，傅青主开具了很多疗效甚佳的良方。时至今日，这些妇科良方还在广泛地应用于临床当中，并且卓有成效。

在医德方面，傅青主更是令人称道。从他成为一名医生开始，不论多远的患者向他求诊，他都不会拒绝，都会及时赶赴患者家中，祛除患者之病痛，还患者之健康。此外，对于一些贫困的患者，在开方处药的时候，他会充分考虑患者的经济状况，尽量开一些能起到相同效果，但是价位相对低廉一点的药物。正是他这种时时刻刻为患者着想、把患者放在首位的态度，使他深得百姓的爱戴。

傅青主医术精湛，能够活学活用，巧妙医病。傅青主有一个特别有趣的行医小故事。话说在清朝初期，有一位叫粉莲的女子，因与丈夫李小牛生气而得了一种怪病，久久不见好转。李小牛四处寻医问药，粉莲的病情依旧没有任何改变。无奈之下，经人介绍听说有位神医名叫傅青主，专治各种疑难杂症，于是李小牛急忙赶去向傅先生请教。傅青主语重心长地说："此病并非顽疾，只要你按我说的照做就是。现在我府上药味不足，需要你亲自去河边选取一枚石子，要求状如圆卵，色泽鲜艳。带回家之后，当着妻子的面，用文火将这石子反复煎煮，等石子变得松软之时，来我这里取药即可。"

李小牛按照傅青主的吩咐，先是去河边挑选了石子，回到家之后在院子里架起炉火便煎了起来，没过多时，锅里的水就烧干了，他又继续向里注水，就这样反反复复地煎煮了几日，也不见那石子变软。妻子似乎看出了丈夫的不解，于是说道："不然我来为这煎锅蓄水，你再次拜访一下傅先生，问个究竟。"

丈夫再次来到傅青主这里，问道："我按照您的意思，已将那彩色石子煮了好些时日，但仍旧不见它有丝毫变软之意，您看我是哪里做得不妥当吗？"傅青主故意为难他道："现在你做得就欠妥当，此时你离开那煎锅，不多时锅中水便会烧尽，那石子怎会变得松软呢？"丈夫连忙答道："我离开家之时，妻子已从床上下来，在那煎锅旁守候，

被河水冲刷后的石子

生怕锅中的水烧尽。”傅青主见丈夫一脸紧张的表情，不禁哈哈大笑，答道：“你莫慌张，我让你煎煮石子不过是想让你妻子消消气。”丈夫听后更加不解了，一脸茫然地问道：“我煮石子跟她消气有什么关系？”傅青主解释道：“她是因被你气而生此病，如今你每日守在药锅前，寸步不离，生怕锅中水尽，只为给她熬药治病，她心中自然感激不尽，所以之前对你的那份气也就烟消云散了。气火消，则肝木苏，肝木苏，则脾胃合。既然她已经可以下床看守那药锅，证明现在身体已无大碍。”

这则故事与前文提到的用青草为患者煎药治病如出一辙，两位妻子的病均是因与丈夫生气大动肝火而引发的，从而导致肝火旺盛，最终使自己身患疾病。傅青主经过一系列细致入微的了解，掌握了患者

念館

尊

萬華邊氣爭媚鳳

同聲相應同氣相求天同人共當千秋節

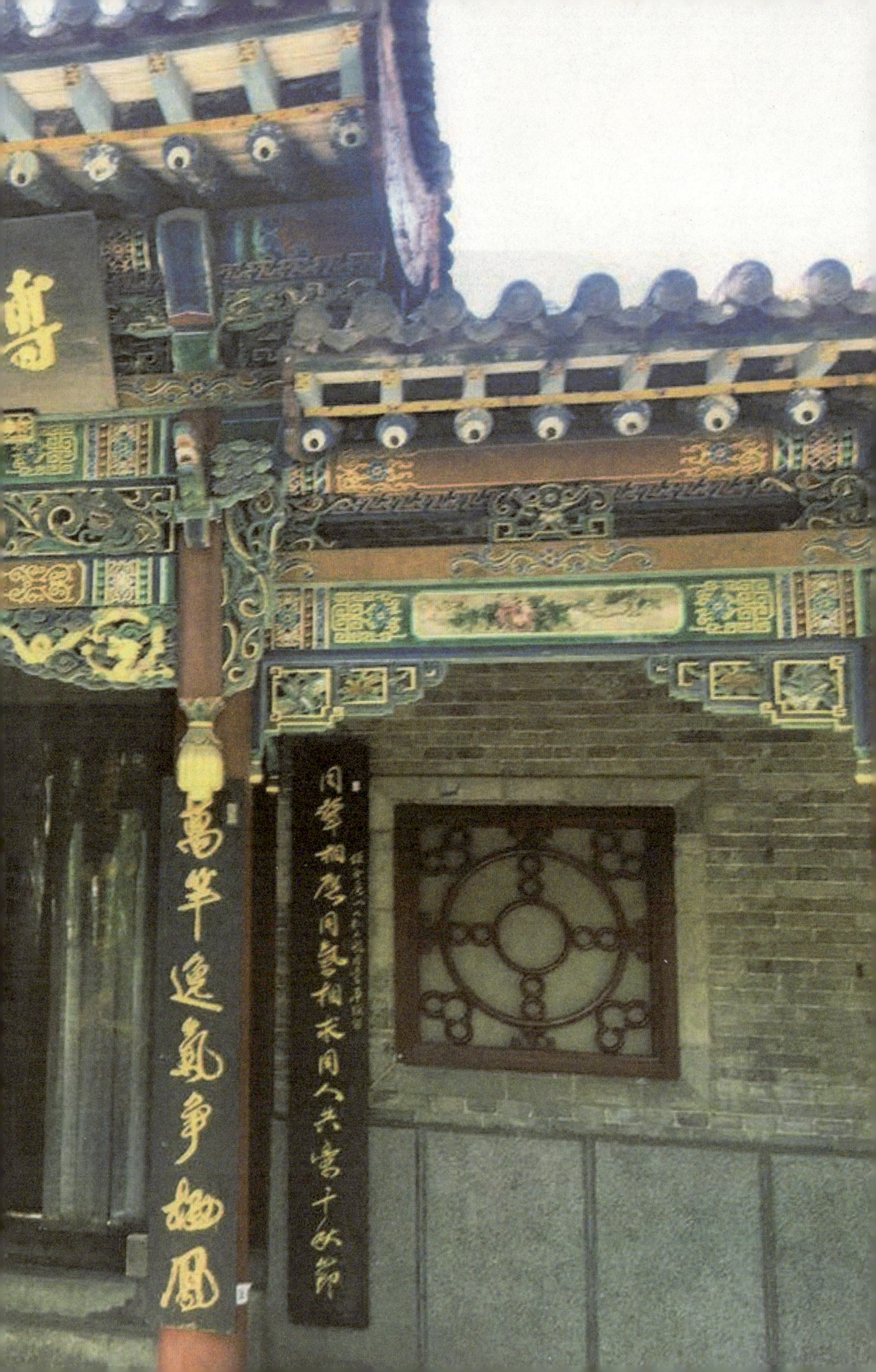

中药材

的疾病来源，巧妙地运用情志疗法，通过疏通她们的肝气，使她们气血顺畅，从而达到治疗疾病的目的。

傅青主还是一位具有先进思想的人，当时的社会十分重视“三纲五常”，人们普遍认为大臣要听从皇帝的命令，儿子要听从父亲的命令，妻子要听从丈夫的命令。这些制度看起来为封建社会稳定做出了不可磨灭的贡献，但是傅青主却不这么认为。他觉得虽然人类作为一个群体生产生活都离不开领导者和组织者，应该听从组织者的安排，但是如果这个领头人不为集体的利益着想，而是单单考虑他自己能得到怎样的好处，那么他所带领的集体，也就没有必要再对他抱有崇敬之情了。他的这种跳出封建束缚的认知，在当时的社会是十分难得的。

傅青主对“忠”和“孝”有他自己独到的见解。他认为忠于自己的君主本身没有任何问题，但是这个“忠”也是具有前提条件的，无论是皇帝，还是大臣，生而为人，就要具有平等的人格待遇。那种所谓的“君叫臣死，臣不得不死”在傅青主这里是行不通的，他不认为这是大臣对皇帝表忠心的体现，相反，他认为这是毫无意义的愚忠。此外，在皇帝和大臣的关系方面，他认为这是双向选择的问题，并不是单向的皇帝选择大臣。如果大臣认为当朝的

皇宫一角

皇宫一角

皇帝不可以让自己一展抱负，那么他就可以选择不为皇帝效力。

在“孝”这一方面，我们首先需要肯定的是傅青主是一位大孝子，在他被捕入狱之后，最令他放心不下的就是他家中的老母亲。傅青主认为孝道应该是从人的本性当中散发出来的一种可贵的品质，而不应该是因为外界因素才体现出来的一种东西。有些人为了赢得别人的夸赞，假惺惺地孝顺自己的双亲，当面一套，背后一套，这是令傅青主十分鄙视的，他认为孝敬父母一事本应就是从骨子里自然而然地流露出来的。

傅青主的一生可谓充满传奇，他的人格魅力深深地吸引并影响着后世的人们，人们为了纪念这位充满传奇色彩的人物，在各地分分立祠建馆，以示对他的爱戴与尊重。

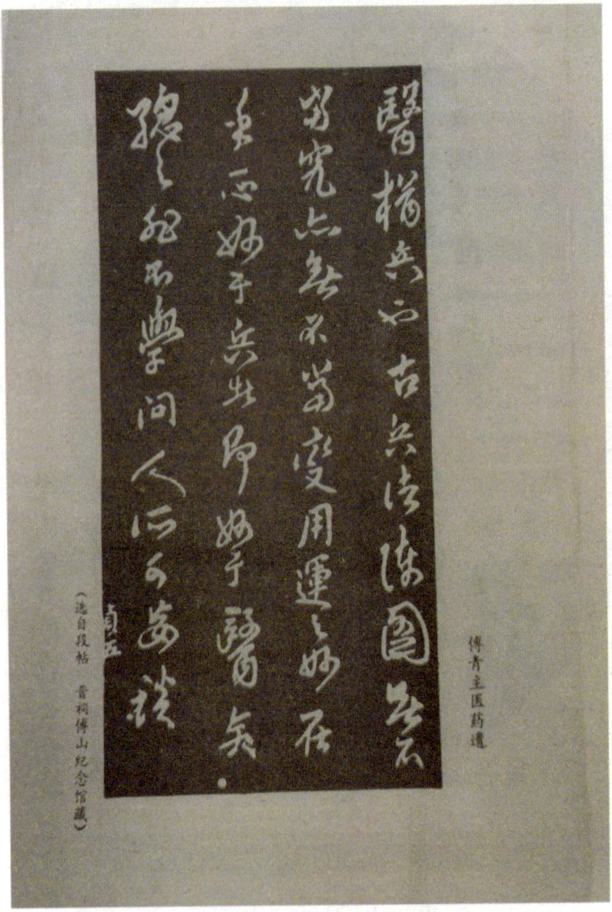

晋祠傅山纪念馆藏

位于山西省太原市的傅山祠堂，就是人们为了纪念傅青主而自发建造起来的。这个祠堂的建立，完全归功于当地的百姓，祠堂虽然不大，但是却足以表达人们对傅青主的怀念与崇敬。傅山纪念馆相比于傅山祠堂，里面的内容丰富了许多。傅山纪念馆坐落于山西省太原市的晋祠博物馆当中，里面不仅修饰精美，而且收集了很多有关傅青主的诗书字画，供后人瞻仰与学习。

多年来，为了弘扬傅山文化，传承傅山精神，以傅山的名字来命名的场所越来越多，中华傅山园就是为了打造傅山文化品牌而特地建造的。

在中华傅山园里还有很多奇异的建筑，其中状元桥就是十分具有代表性的一个。状元桥的整体建筑风格，用精致来形容一点儿都不为过，桥的两侧采用十二生肖进行装饰，桥的两头则摆放着用汉白玉雕刻出来的精美花瓶。好多学子都愿意前来此桥观赏游玩，以此激励自己要像傅青主那样读书无数，学识丰富。

傅青主的一生充满了传奇色彩，无论是从医生、画家、诗人，还是反清志士的角度出发，他所达到的高度都是一般人所无法企及的。可以说，傅青主犹如我们中华民族历史上一颗璀璨的明星。虽然这颗明星已经陨落了三百余年，但是他对后世所产生的影响却是不变的。

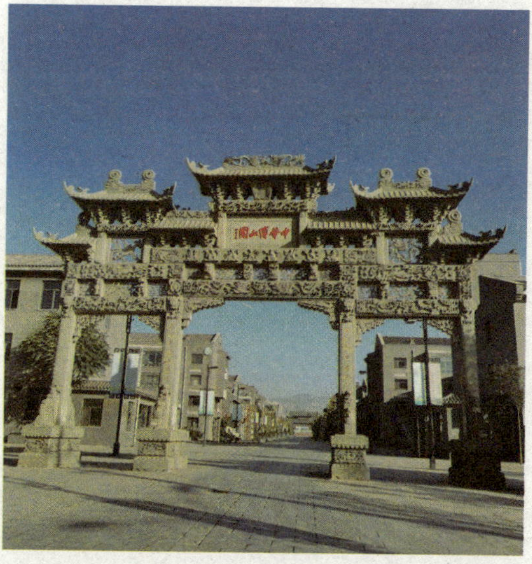

中华傅山园

知识加油站

何为"三纲五常"：

"三纲五常"就是指在封建社会当中用来规范人们行为的一种准则，"三纲"即"君为臣纲，父为子纲，夫为妻纲"，"五常"即"仁、义、礼、智、信"。